YAMAKAWA SELECTION

# 世界近現代全史 1

## 近代世界システムの成立 上

大江一道 著

山川出版社

［カバー写真］
アムステルダム港
（ウィーン美術史美術館所蔵）
アフロ提供

# まえがき

二十世紀の世界は、フランス革命二百周年が近づいたころから、大変動の予兆がはじまった。歴史学の営みにおいても、その予兆は聞きとることができた。

世界の大変動が、一九八九年に集中したということは、まことに劇的であった。が、その運命的な年はすでに過ぎ、短期の湾岸戦争をはさんではや二年がたとうとしている。

時間は、しばしば冷酷である。過ぐる歳月の熱気も、落胆も、歓喜も、希望も、すべてはとおい彼方に押し流すかのように、つぎからつぎに、あらたな難問を突きつけ、地上の人びとを翻弄しつづける。

だが、誰しも予想しえなかったような劇的大転換を開始した世紀末の歴史は、その深部においては、けっして逆戻りはしないであろう。かつてフランス大革命がそうであったように。

世界戦争も、冷戦体制も、そしてこれらと密接にかかわってはじまった二十世紀の共産主義実験も、すべては終わったのではないか。おそらく世界は、二度と、それらをくりかえそうとはしないであろう。エスニック問題に発する地域紛争がつづき、いかに、あたらしい時代と確たる未来への展望を描くことが困難な、混沌《カオス》のなかにおかれようとも。

本シリーズ(『世界近現代全史1〜6』)は、二十世紀の世紀末のいま、以上のような情況の由来と現実を、総括し確認することを目的として書かれた。近代の終焉が叫ばれて久しく、歴史の終焉などという言葉さえ耳にする。

歴史学は、しばらくまえから、この、総括と自己確認、そして、現代の課題の発見と挑戦の季節にはいっている。その作業のなかでは、必然のなりゆきとして、まず、いわゆる「戦後歴史学」にたいする反省と、その再生の方向とが論じられた。

第二次世界大戦の加害国家としての日本が敗北し、失意と悔恨のなかで歴史学の再生がはかられたとき、西洋近代の「進歩」に世界史的普遍価値をみて、定向発展段階の法則的展開のなかに世界史を整序するという、「戦後歴史学」の基本的パラダイムが、歴史を思うものに圧倒的な影響力をもったのも自然であった。

そのような時代の空気のなかで、わたしは歴史学をこころざした。段階認識と類型認識のかみあう視座を強調する比較経済史研究の潮流にひかれて、ドイツ現代史を学んだ。

おなじころ進行した教育改革の一環として、新制高等学校の教育課程に、社会科「世界史」が設けられた。また、並行したアジア・アフリカの民族運動の発展も、明治以来の中等教育における「東洋史」「西洋史」の区分をこえた、あたらしい世界史像の創出をせまった。

研究者を養成する大学が、「日本史」(または「国史」)「東洋史」「西洋史」の三学科制をいかに踏襲しようとも、戦後の中等教育の現場にあっては、伝統的な学問区分の枠をやぶった「世界史」教育を、自主的にすすめていかざるをえなかった。わたしは、そのような難問をかかえこまざるをえない「世界史」の教師となり、長年、教壇に立って苦闘した。

世界史はどう構成されるべきか、各国史や諸民族史の寄木細工でなく、体系的に構成されるべきものであるとしたら、その史観とはいかなるものであるのか、世界諸地域のそれぞれの社会発展が、相互の連関(または非連関)をはなれてありうるのか、もしありえないとしたら、その全体をとらえる観点はなにか等々、問題は山積していた。

歴史を創造する主体の問題も、とうぜん浮上した。だが、近代化・民主化・民族の自主独立といった実践的関心が先行した戦後歴史学(および戦後歴史教育界)にあっては、変革と創造の主体としての「民衆」「階級」「民族」が、つねに楽観的に語られすぎたように思う。

西ヨーロッパ中心主義の歴史の見方は、はやくから反省された。すでにこの国では、大戦中に、「近代の超克」が叫ばれ、「世界史の哲学」が唱えられたが、転換の主導的イデオロギーは、結局は「日本中心主義」でしかなかった。そしてそれは、破産した。

ならば、アジア中心主義におきかえれば、西ヨーロッパ中心主義は克服できるのか。この点についても、自己反省をこめていえば、戦後歴史学・戦後歴史教育は、ともに楽観的でありすぎたように思われる。

「平和共存」が提唱され、冷戦体制が、いわば微調整的に修正されだした一九六〇年代から、欧米でも日本でも、世界史認識の理論と方法に、あらたな展開がはじまった。

その国際的契機となったのは、いわゆる「南北問題」であろう。急速な経済成長をとげる「北」の工業国家群と、その「北」が主導する不公平な国際秩序と収奪とに圧迫されて、ますます経済格差をつけられる「南」の新興独立国家群との間柄を、いかに全体的に構造的に把握すべきかという問題が、この六〇年代になって世界史的普遍性をもって立ちあらわれた。それは、一言でいえば、「近代化」論であった。

広く大きな影響をおよぼすW・W・ロストウの、「非共産党宣言《ノン・コミュニスト・マニフェスト》」と副題をつけた『経済成長の諸段階』が世に出たのが一九六〇年であったことは、まことに象徴的である。ここでは、事実の解釈と価値という難問をふくんだこの「近代化」論をめぐる論議を追うことはできないが、つぎのことだけはいっておきたい。

それは、近代資本主義を一国史的に個別的に理解するのでなく、世界体制《ワールド・システム》という全体の場のなかで構造的にとらえるべきではないか、という観点が、六〇年代以降ますます強調され、広く受容されていったということである。戦後歴史学の中心的主題であった「封建制から資本制への移行期」を、資本主義的近代世界体制のもとでとらえなおすという研究作業が、文明の危機という憂いに包まれた現代のゆくえを考えるためにも、あらためて重要になったのである。

そのことは同時に、地域の独自性と固有の価値を重んじる歴史の見方、とらえ方を自覚させた。ヨーロッパ中心主義の独善性をうちやぶり、世界諸地域・諸民族の独自性と固有の価値を認めた世界史像は、いかにしたらうみだせるか。この三〇年間の歴史研究・歴史教育の基調はほぼここにあったといってよいだろう。

地域の独自性・固有性に目をむけ、近代を根本から問いなおそうとする歴史家の観点は、地域に生きる民衆の日常的現実や社会的結合のかたち、そのこころとからだ、文化のありようなどにも向けられるようになった。この流れは、「社会史」とか「深層歴史学」「歴史人類学」などといわれて、フランスをはじめ欧米諸国ではつとに顕著であったが、日本でも、一九七〇年代になり共鳴者をふやし、人類学や民俗学などとの交流・協同も活発になって、現在にいたっている。

以上のような歴史学の潮流と歴史教育の実践を、みずからの体験・経験も重ねて念頭におきつつ、ここに、『世界近現代全史』を世に問うことにした。

これまで、世界史の叙述は、その困難さゆえに、望ましいこととはされつつも、ひとりの手で書かれることはほとんどなかった。専門家による研究の日進月歩を思えば、世界史の単独叙述の試みは、その雄図をほめるよりもその無謀をいましめるべきであろう。それを承知であえてこの冒険をするのは、ひとつには、みずからの経験をかえりみつつ、いまも教室でひとりで奮戦する全国の多くの世界史教師にメッセージをとどけたいからであり、ひとつには、未熟や間違いをおそれず単独執筆された個性的叙述が、おのずから問題群をつくりだすぐらい、競合して出現したほうが好ましいと思うからである。さまざまの欠陥があるだろうが、どうか遠慮なくご批判、ご叱正をお寄せいただきたい。

本書は、すでにのべたように、この二〇年間につよい潮流となった歴史観である「近代世界システム」論を、叙述のキイ概念として、ほぼ五〇〇年間の近現代世界史を、わが日本列島もふくむ世界の全地域にわたってとらえようとしたものである。

『世界近現代全史1・2』は、叙述の下限を一八四〇年代の終わりまでとし、『世界近現代全史3・4』には、一八五〇年代から第一次世界大戦以前まで、そして『世界近現代全史5・6』で一九五一年までを視野におさめた。

「序説」は、「近代世界史成立の歴史的前提」とし、世界の一体化がつよめられてはいくが、なお複数の地域世界が並存していた、十七世紀末までの過渡期の近代世界システムの実態がのべられる。「第I部」は、「資本主義的近代世界システムの形成」と名づけ、資本主義的世界体制が本格的な構造化にうつる「産業革命」の前夜までの、十八世紀の世界史があつかわれる。序説のあつかう十六世紀からすでに、世界史は「近代」に移行したという立場を著者はとるが、この第I部までの約三〇〇年間は、「初期近代」とみなすことができよう。この時代は、「世界体制」の「中心」⟷「周縁」への編成過程であり、その過程において前進・停滞の対抗と矛盾がつよまるヨーロッパについての叙述が、相対的に比重がたかくなっている。

　第2巻の「第Ⅱ部」は、「資本主義的近代世界システムの確立」とした。ここで「中心」となるヨーロッパでは、イギリスを起点とした産業革命と、アメリカおよびフランスに発火《スパーク》したいわゆる市民革命との「二重革命」が、全体に波及しつつ進行する。そのなかで近代国民国家が出現し、それらがたがいに抗争しつつ、一国史的であると同時に世界史的な「近代化」が進行する。「世界市場」の形成と連関しつつ、世界の一体化は完成し、資本主義的世界体制がグローバルな規模で確立する。

　本文の叙述は、できるかぎり平易で理解しやすい文体を、と心がけた。全体史を、という構成のゆえに生じる事項・人名の重複は、あえていとわなかった。

　最後に、本書を仕上げることができたのは、じつに多くの学者の業績のたまものである。ここにまとめて御礼申し上げたい。

　なかんずく、恩師林健太郎先生には、時代と人間の個性をとらえる的確さ、それらを生き生きと叙述する端正さ、理論の硬直化とドクマ化をしりぞける潔癖さ、などの学問姿勢を、学生の時代から教えられてきた。先生の退官を記念した門下生有志の献呈論文集（一九七七年）には参加できなかったが、いま、このようなささやかな作品にして先生に捧げ、長年の学恩に報いたい。

　つぎに、本書をつらぬく基本的な着想や理論と方法の立脚点をかためるうえで、教示と刺激をうけた多数の先輩・知己のうち、いまは亡き江口朴郎先生、および柴田三千雄・成瀬治両先輩には、心からの感謝を申し上げたい。この三人の方々は、日本の戦後歴史学の、未来につながるもっとも良質の仕事を、理論と叙述の両面にわたって、わたしたち後進にしめしてくださった。

そしておわりに、わたしの教育的実践の原点を用意してくれた、一九五〇年代に活躍した旧歴史教育者協議会世界史部会の、久坂三郎(故人)、吉田悟郎、鈴木亮らのみなさん、また、その近くにあってあたたかいサポートをしてくれた荒井信一(現代史)、三木亘(アラブ史)、倉持俊一(ロシア史)、田中陽兒(ロシア史)のみなさんにたいしては、いま、青年時代をふりかえりつつ、感謝の念をあらたにしている。

一九九一年六月十六日

大　江　一　道

# 目次

## 2巻目次

山川セレクション

# 世界近現代全史 1

## 近代世界システムの成立 上

序説

# 近代世界史成立の歴史的前提

# 1　世界帝国と世界一体化の開始

## 近代世界システムの形成

十五世紀末以前、地球上の諸地域は、その内部に分業と経済的交換関係をもつ、複数の文化体をつつみこんだ**「世界システム」**(world system)として存在していた。この時期までの世界システムは、ウォーラーステインによれば、共通の政治システムをもち、中央権力が貢納(生産物の強制的収奪)を徴収し、それを官僚層に再分配するという特徴をそなえた**「世界帝国」**のかたちをとってあらわれた。

この「世界帝国」は、一般に、複数の異質な政治的・文化的単位を包摂し統括する。たとえば、東アジアでは、中国に「世界帝国」としての中華帝国(秦漢帝国、隋唐帝国など)が出現し、朝鮮や日本にはそのミニ版ないしサブシステムとしての王朝国家が成立した。

中華帝国は、さらに、その周辺の王朝国家にたいして、古代ローマ帝国のようにその支配領域を「属州《プロウィンキア》」化して直接的に統合するのでなく、下位の諸国家の君主を、冊封《さくほう》をさずけて家臣化し、その統治権を承認するという、いわゆる冊封秩序体制をとることによって、より広域の「世界帝国」を編成した(ただし、この冊封体制は、朝貢体制ともいわれるが、この朝貢体制の理解に関して、再検討の気運がつよまっている)。

世界システムは、この「世界帝国」とはべつに、**「世界経済」**のかたちをとってもあらわれる。「世界経済」とは、単一の中央権力によって政治的に統合されるのではなく、複数の政治的単位をふくむ領域が、市場＝交換関係をつうじて一体化するようなシステムである。

この「世界経済」は、十五世紀末以前にあっては不安定であり、解体するか、あるいは、ある特定の集団によって征服されて「世界帝国」に転形する傾向にあった。そして、十五世紀末、コロンブスやヴァスコ・ダ・ガマらの探検者によってひらかれた、いわゆる「大航海時代」の開始以後、「ヨーロッパ世界経済」のもとに地球全体がおおわれていく時代がはじまったのである。これが「近代」なのであり、ウォーラーステインによれば、近代以前の世界システムがすべて「世界帝国」としてとらえられるのにたいして、**「近代世界システム」**(modern world system)は、ヨーロッパのヘゲモニー(主導力)による「世界経済」に専一化される。この「近代世界システム」は、十七世紀以後、ヨーロッパ北西部のオランダ、イギリスを「核」として、「最大限利潤の実現を目的として市場で販売するための生産」(ウォーラーステインの定義)を本質とする「資本主義的世界体制」(capitalist world system)として形成されていく。そして、「近代世界システム」は、市場でむすばれた経済的一体関係のなかに、オスマン・トルコ、ロシアなどべつの世界システムを形成していた地域をつぎつぎにつつみこんでいった。いわゆる「鎖国」下の日本も、じつは、長崎を窓口にして「世界経済」圏のなかにあったのである。それよりはやい十五～十六世紀には、アフリカ、アメリカの二大大陸の一角が、ポルトガル、スペイン両国をつうじてこの「世界経済」圏内に引きこまれていた。「資本主義的世界体制」の形成の歴史的前提となる、イベリア両国による、世界商業の拡大や植民地建設などの「事業」を、「近代世界システム」の起点ととらえるならば、同時期の、日本史上の固有の時代区分である「戦国時代」(室町時代後期)は、世界史的にみれば「近代」の初期に位置づけてもなんらさしつかえないのである。

「世界システム」論の提唱者ウォーラーステインの理論は、近代においてはとくに、歴史を一国史的な発展として理解することをしりぞけ、「関係の総体」と考えようとするところにユニークな特徴がある。

「世界経済」に専一化されていく「近代世界システム」の形成は、それまで固有の世界システムをもった地球上の諸地域を、けっして平等な関係においてむすびつけたのではなかった。ウォーラーステインは、「世界経済」にむすびつけられる地域を、「中核《コア》」(中心)・「半辺境《セミ・ペリフェリ》」(半周縁)・「辺境《ペリフェリ》」(周縁)の三層に分ける。三層のあいだの基本的相違は、国家機構の強弱にある。その相違によって、「辺境」から「中核」への「余剰の移転」がなされ、それによって「中核」国家はいっそう強化されていく。この「中核」地域となるのは、北西ヨーロッパであり、アメリカ「新大陸」とバルト海沿岸の東ヨーロッパが「辺境」地域となる。かつての先進地域であった北イタリアなど地中海域ヨーロッパが、「半辺境」地域となる。この三層構造の基礎は一六七〇年ごろまでにかためられた。

しかし、おなじ時期のアジア諸地域やオスマン・トルコ、ロシアなどは、市場関係をつうじて部分的に「ヨーロッパ世界経済」につながってはいても、まだ、「辺境」の外側にあって、「くみこまれ」てはいなかった。いわば「外辺境」(外周縁)であった。そこではなお、世界システムが「世界帝国」のかたちをとって存続していた。にもかかわらず、「近代世界システム」形成の世界的律動は、あきらかにこれら「外辺境」にもおよんでいたのである。

この序説では、以下、「近代世界システム」形成の起点となる、いわゆる「世界の一体化」がはじまった、十六世紀前半から十七世紀末までの世界史の展開を、東アジア世界から、順次、みていくことにする。

## 東アジアの「世界帝国」

世界史における「初期近代」と画される十六〜十七世紀にあって、アジア世界の基本的骨格はいかなるものであったろうか。

東アジアのこの時代は、ユーラシア大陸の大部分を制圧していたモンゴル帝国の解体によって開始された。中国では、明《ミン》が漢民族の中華帝国を回復し、十五世紀初頭の永楽帝(在位一四〇二〜二四)は、東アジア全域に冊封秩序《さくほうちつじょ》体制、すなわち「中国型天下＝華夷《かい》秩序」を形成した。この東アジアにおける国際関係の体系のもとで日本の室町幕府は、一四〇四年、将軍足利義満がみずからすすんでこの中国型天下に参入し、永楽帝より「日本国王」として冊封され、その朝貢貿易体制にくみこまれた。朝

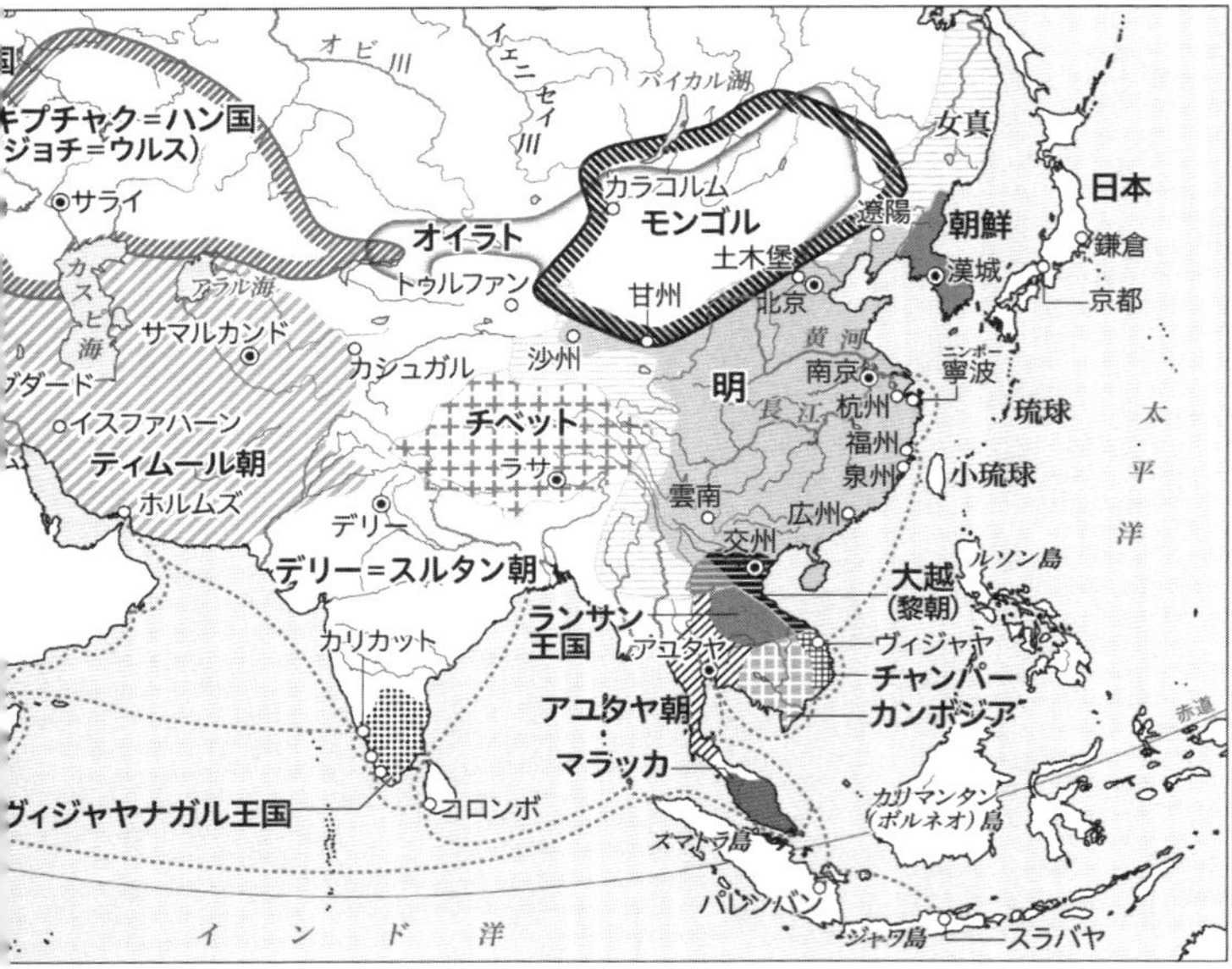


鮮では、倭寇《わこう》討伐で名声をあげた李成桂が高麗にかわって李氏朝鮮王朝をひらいた（一三九二年）。この日朝両国家の中国型天下への参入は、環シナ海における前期倭寇の活動を終息させた。以後、日朝間の通商利益をもとめる室町幕府と西国大名は、朝鮮の英主世宗（在位一四一九〜五〇）の主導下の交易秩序にくみこまれた。

明朝は、開港場を広州（広東）、泉州（福建）、寧波（浙江）の三港にかぎり、交易を冊封秩序下にはいった諸国との朝貢貿易にのみ限定した。そして反王朝的分子と倭寇などの海外勢力がむすびつくことを恐れて、中国人の海外渡航を厳禁した（下海通蕃《かかいつうばん》の禁）。しかし、すでに東アジ

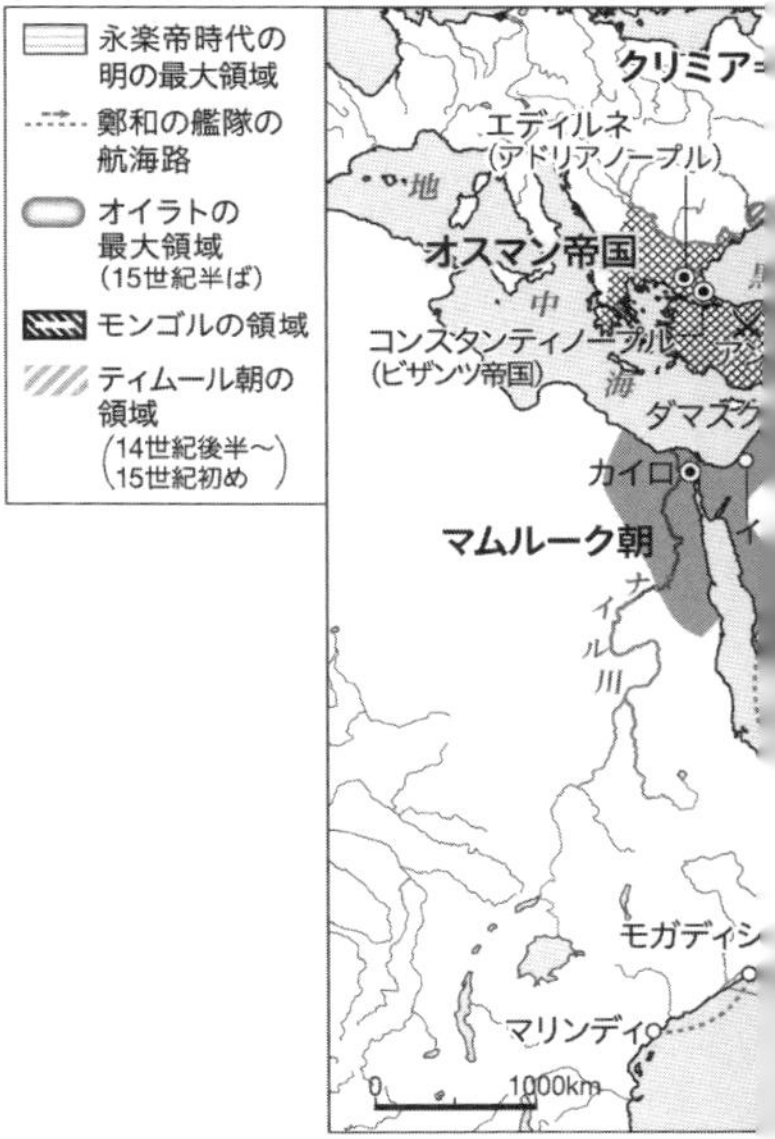


明代のアジア（15世紀頃）

ア域内では、対馬《つしま》の宗《そう》氏を介した日朝貿易、琉球を介した日中貿易など、多角的なネットワークが形成されており、環シナ海を舞台とする「**倭寇世界**」は東南アジアとも通商ネットワークをもっていた。海禁政策によって本国からしめだされた中国人は、「**華僑**《かきょう》」として東南アジアの各地に住みつき、通商活動をつづけた。また、政府の禁令にもかかわらず、密貿易にのりだす中国人はあとをたたなかった。

　日中勘合貿易体制は、さきにのべた日朝交易秩序の形成と並行してしかれた。明皇帝に臣属した室町幕府は、勘合符《かんごうふ》（割符）を下賜されて朝貢貿易をすすめ、のちには有力な寺社や守護大名の船も参加した。応仁の乱後、幕府の統制がおとろえ、堺の商人とくんだ細川氏と博多の商人とくんだ大内氏とが、遣明船の独占をめぐってあらそい、最後の二回は、大内氏が独占した。

室町幕府とならんで明に朝貢したのは、**琉球王国**である。この琉球王国の対外関係の実務をになったのは、中国人であり、琉球の華僑は、東南アジア諸国の通商ネットワークを利用して、南海と東アジアの中継貿易に活躍した。南海の物産は、那覇《なは》を中継地として、博多や、朝鮮、中国にもたらされた。

永楽帝は、ベトナムにたいしては、陳朝の内紛にじょうじて、一四〇六年ハノイを占領し、交趾布《こうちふ》政使司《せいしし》をおいて直轄支配体制をしいた（これにたいするベトナム民族の抵抗がつづき、そのため交趾布政使司を撤収し、一四二八年には大越国《ダイベト》が建てられた）。また、雲南省出身のイスラム教徒の宦官《かんがん》鄭和に命じて、大船団を南シナ海・インド洋に巡航させ、沿海諸地域を朝貢貿易体制にひきいれた（八頁図参照）。南海諸国は、朝貢使節を送ってきたが、中国型天下に服したのは一時的にすぎなかった。インド洋上では、いぜんとしてアラブ商人のダウ船貿易が基本であり、南海ではインド西岸のグジャラート商人やマラッカ商人が活躍した。これらの通商圏と東アジアをむすぶのは華僑であり、また、かれらの出身地の南シナ海沿岸地域の住民による密貿易であった。

永楽帝は、北方にも勢力を拡張した。東北の女直《じょちょく》（遼《りょう》・金《きん》時代の女真の後裔《こうえい》）を制圧し、その支配する領域は、沿海州からサハリン（樺太）にまでたっした。モンゴル高原には永楽帝みずから五たび親征し、モンゴル勢力の制圧をはかった。

こうして、十五世紀の三〇年代までに、明朝はかつての唐帝国をうわまわる中華帝国＝「世界帝国」を出現させたかにみえたが、永楽帝の死後、帝国は急速に縮小し、財政も逼迫《ひっぱく》して対外政策はいちじるしく消極的になった。

## オスマン「世界帝国」の出現

オスマン・トルコは、ほんらい、内陸アジアからアナトリア（小アジア）に移動した遊牧民オクーズ（イスラム化したトルコ族の意味）の一集団で、アナトリアの最西北端にきずかれたオスマン人の君侯領《ベイリック》から出発した。

十四世紀の前半は、まだイル・ハン国の支配がアナトリアの大半をおおっていたから、新生オスマン国家の存続と発展は、西方を指向することによってのみ可能であった。すでに、ビザンツ帝国（パレオロゴス朝）は衰微しており、バルカン半島への侵入は容易であった。そこで、十四世紀なかばにはトラキアを席捲《せっけん》し、一三六六年、都をエディルネ（アドリアノープル）にさだめた。東アジアで洪武帝が明朝をおこすのとほとんど同時であった。

オスマン国家の発展の、内部的要因としては、第一に世襲的な封土をうけてスルタンに忠誠をつくす封建騎士軍団《シパーヒー》の編成、および、キリスト教徒子弟から選抜した精鋭な常備歩兵親衛軍団イェニチェリ（「新軍」という意味）という強力な軍制の創始、第二に都市とその手工業者との提携、第三にウラマー（イスラム法学者・知識人）の活用、第四に寛大なキリスト教徒対策、などがあげられる。キリスト教徒は、トルコの支配に服しさえすれば固有の教会、修道院、言語、習俗の保持はみとめられた。改宗を強制しなくても、オスマン国家の支配層につらなりたくて改宗するキリスト教徒は少なくなかった。

バヤズィト一世（在位一三八九～一四〇二）は、アナトリアに並存していた他の君侯領を統合して、モンゴル帝国からの完全な自立を達成するいっぽう、ハンガリー、ポーランド、ベーメン（ボヘミア）、フランス、ヴェネツィア、ジェノヴァなどキリスト教諸国が連合した反ムスリム十字軍を、一三九六年、ニコポリスの戦いで撃破し、ビザンツ帝国の首都コンスタンティノープルも四たび包囲する勢いであった。しかし、西進してきた中央アジアの英雄ティムールと、一四〇二年七月、アナトリア中央部のアンカラ郊外で決戦し、オスマン軍団は大敗を喫してバヤズィト一世も捕らわれた。

アンカラの敗北でオスマン国家の王朝は一時中絶したが、東征に転じたティムールが明への攻撃の途上に没したことにもたすけられて、まもなく再建された。メフメト一世、ムラト二世につづく気鋭の青年スルタン、**メフメト二世**（在位一四五一～八一）は、一四五三年四月、大軍をもってコンスタンティノープルを攻めた。ビザンツ側に金角湾口を鉄のくさりで封鎖されたメフメト二世が、トルコ艦隊の一部を首都の対岸の丘陵越え作戦をとって湾内に突入させた話は有名である。ビザンツ側には援

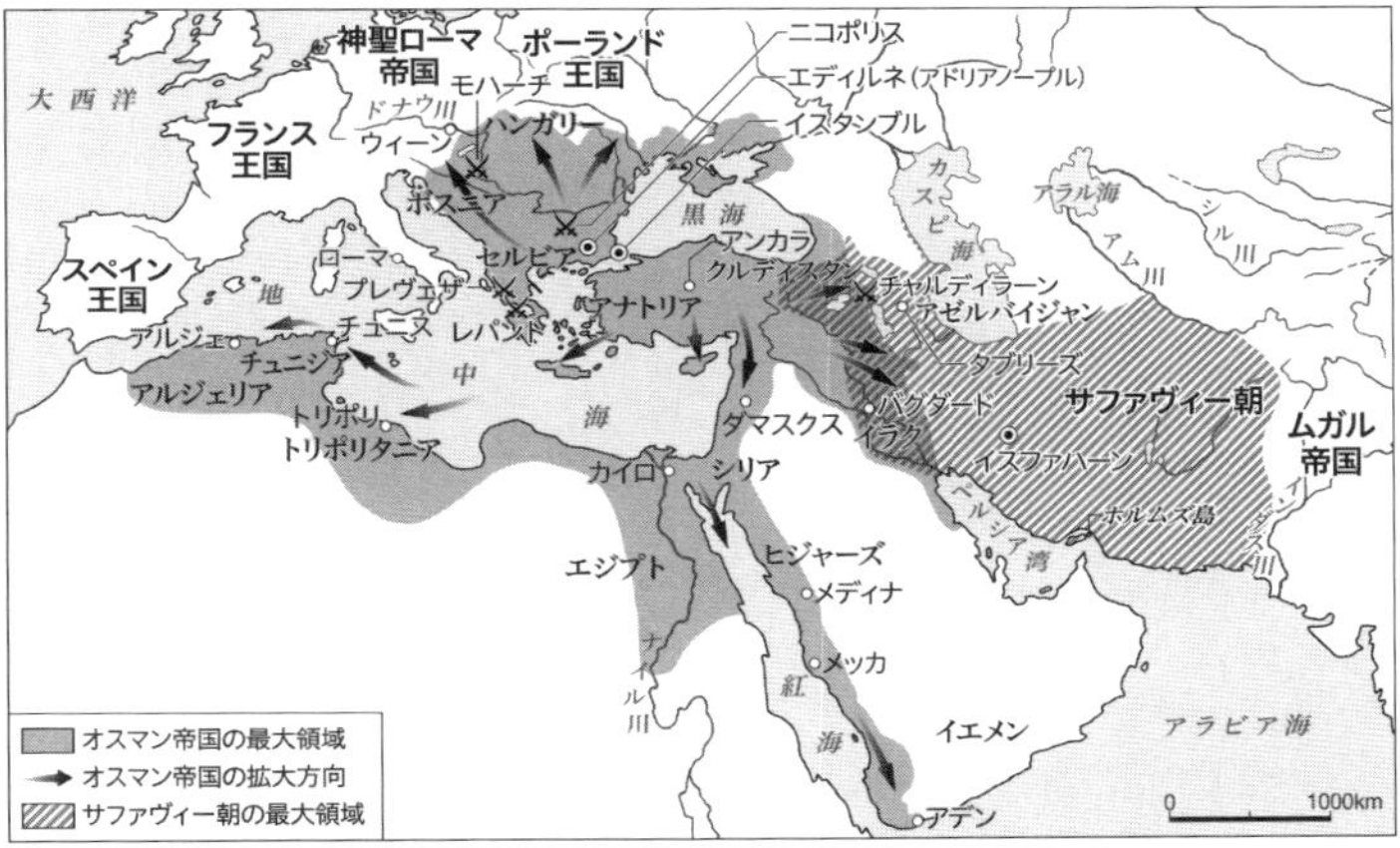

オスマン帝国とサファヴィー朝の最大領域

軍なく、五月末トルコ軍の総攻撃にあって皇帝は戦死し、この中世ローマ帝国は滅亡した。

つづいてオスマン軍団は、マケドニアから南下してペロポネソス半島(当時はモレアといった)に侵入し、モレア君主をやぶってビザンツ帝国の分家が支配するこの地域をオスマン帝国に編入した。また、メフメト二世は、小アジアの東北部にあるビザンツ帝国の分身トレビゾント帝国を併合し、クリミア半島のクリム・ハン国(キプチャク・ハン国から一四三〇年ころ自立したモンゴル国家。ここにはジェノヴァ人の港市カッファがあり、ジェノヴァ商人のイラン、中央アジア方面の通商活動の拠点となっていた)を服従させ、バルカンへの支配も確固たるものにした。

このような**オスマン帝国の「世界帝国」化**に対抗して、ローマ教皇やヨーロッパのキリスト教君主は反ムスリム運動をつづけた。しかし、メフメト二世はすぐれた国際感覚と行政手腕をもつスルタンで、宗教的寛容と東方貿易保護の政策をとり、新首都**イスタンブル**(旧コンスタンティノープル)へのギリシア人、ユダヤ人、トルコ人の移入を奨励したから、イタリアの商人や文人はさかんに往来し、フィレンツェなどもトルコのスルタンと交流をもつぐらいで、ルネサンス期のイタリアだけは偏狭な感情から解放されていた。

サマルカンドを首都とするティムール帝国は、ティムールの没後急速に領域を縮小し、イランでは北部を保有するだけであった。かわってイランには、トルクメンの黒羊朝《こくよう》(一三七八〜一四六九)や白《はく》羊《よう》朝(一三七八〜一五〇二)などの地方的政権が交代したが、十六世紀にはいるとすぐ、サファヴィー家のイスマーイール一世(在位一五〇一〜二四)が、白羊朝をたおしてシーア派イスラム教を国教とするイラン人の**サファヴィー朝**を樹立した。西隣のオスマン帝国の発展に刺激されたサファヴィー朝は、北はカフカース山脈から南はペルシア湾まで勢力を広げ、東はウズベクからホラーサーンをうばい、西隣するトルコとは、イラクの領有をめぐって抗争をつづけた。

メフメト二世の孫セリム一世(在位一五一二〜二〇)の軍事的志向は中東にあった。イランが、反オスマン勢力のエジプト・マムルーク朝(一二五〇〜一五一七)やハンガリー王国と連携する危険をおそれたからである。一五一四年、オスマン軍団はイランに侵入してイスマーイールの軍団をやぶり、クルディスタン(イラク北部)をうばいとった。この結果、オスマン帝国は、北シリアでマムルーク朝と対決することになり、一五一六年戦端がひらかれた。マムルーク軍団は質量ともにオスマン軍にかなわなかった。オスマン軍は、十五世紀末スペイン両カトリック王の迫害でイベリア半島から亡命してきたユダヤ人がつくった火薬や、イタリアの傭兵から学んだ砲術の偉力を発揮したのである。一五一七年はじめ、カイロは占領され、マムルーク朝は滅亡した。

オスマン帝国は、いまや、肥沃なナイル・デルタをおさえ、紅海、インド洋にもつうじ、メッカ、メディナなどアラビア半島のヒジャーズ地方も服属させる、アラブ・イスラム世界の覇者であった。さらに、セリム一世は、カイロに庇護されていたアッバース朝の子孫から、スンナ派ムスリム（イスラム教徒）の精神的首長である「カリフ」の尊称を、オスマン朝にゆずらせ、世俗的最高権力者の呼称であるスルタンと併称する形態をつくりだした。ここに、ユーラシアとアフリカにまたがるトルコ民族の中華帝国＝「世界帝国」が出現した。

## イベリア半島のレコンキスタ

オスマン帝国の直接的攻撃を、ヨーロッパで最初にうけたバルカンでは、既述のように反ムスリム十字軍が十四世紀末に復活した。しかし、八世紀以来イスラム国家のもとにあったイベリア半島では、それ以前から、北西部のキリスト教小国（レオン王国、アストゥーリアス王国など）により、**レコンキスタ**（国土回復運動）とよばれる、中世十字軍からの連続的「聖戦」がつづけられていた。この半島にはユダヤ教徒も多く、三教徒の相互関係は複雑であった。イスラム教徒は、改宗しないキリスト教徒を

「モサラベ」とよび、ユダヤ教徒でキリスト教徒に改宗したものを、キリスト教徒は「コンベルソス」あるいは軽蔑をこめて「マラーノス」(豚)とよんだ。

ポルトガルは、レオン国王の家臣となっていたフランス王族出身のカレー伯アフォンソ・エンリケスが、一一四〇年に自立して半島西部(ルシタニア)に建てた国である。リスボンをうばって南方回復の足がかりとし、十三世紀なかばには、地中海入り口の海岸線にたっして、レコンキスタを完了した。いっぽう、十二世紀以来、レオン王国を吸収したカスティーリャ王国が東のアラゴン王国とともにレコンキスタの指導者となり、半島中央部を南下して十三世紀なかばまでにコルドバ、セビーリャを奪回した。アラゴン王国も、西地中海のマヨルカ島を占領、バレンシアを奪回、ムルシア王国を服属させた。

こうして、十三世紀後半からは、イベリア半島でムスリムがなお支配する地域は、半島南部のグラナダ王国だけとなった。ところが、その後二〇〇年もグラナダ王国は持続した。アラゴン国王がイタリア・地中海政策に熱中し、また、カスティーリャ、アラゴン両王国とも、王権強化をめざす国王と封建貴族、都市ブルジョワ、農民の複雑な対抗・協力関係が国内抗争をいろどり、レコンキスタに集中することをさまたげたからである。

レコンキスタを完了した**ポルトガル**は、農業開発、商工業育成、貿易振興などの政策によって国力をつけ、カスティーリャ王国の政治介入も排して、都市の商工市民とむすんだ王権が強力になった。

十三世紀末にはイギリス国王エドワード一世と通商条約をむすび、また、十四世紀後半、ジェノヴァ商人がジブラルタル経由の西ヨーロッパとの通商船路をひらいてから、とくに**リスボン**がさかえるようになった。さらに、ジョアン一世（在位一三八五～一四三三）は、一三八六年イギリスとウィンザー条約をむすび、また、王族ランカスター公の娘を王妃とするなど、積極的に親英政策をとり、一四一五年八月には北アフリカのイスラム勢力の拠点セウタを攻略した。これは、ポルトガルの世界への膨張の第一歩となった。

ときは、西ヨーロッパのカトリック世界が、東方でイスラム・トルコの強圧をうけ、内部では教会大分裂《グレイト・シスマ》（一三七八～一四一七年）と英仏両王室の百年戦争（一三三八～一四五三年）とで混迷をふかめている時代であった。小国ながら王権による統合がすすみ、国家意思を明確にあらわすことができたポルトガルはアフリカの情況も認識していた。十四～十五世紀の西アフリカには、黒人のマリ帝国がイスラム世界との交易をつうじてさかえ、大交易都市トンブクトゥの商人が、北アフリカとサハラの交易ルートを支配し、金、奴隷、岩塩などを輸出していたのである（六五頁参照）。ポルトガルはセウタ攻略は黄金と奴隷の獲得のために重要な戦略的布石と判断し、教皇マルティヌス五世の後援により、十字軍としてのこの「事業」を断行したのである。

この攻略に参加したジョアンの第三王子**エンリケ**（一三九四～一四六〇）は、黄金、宝石、象牙、胡椒、奴隷などの戦利品と、あらたな情報とから、大胆なアフリカ像をくみたてた。サハラ砂漠を縦断する「黄金ルート」貿易の源泉と、中世伝説上のキリスト教国「プレステ・ジョアン(プレスター・ジョン)の国」の発見によって、イスラム世界を挟撃《きょうげき》して大ポルトガル国家を建設する夢想である。エンリケは、大西洋に面したサン・ヴィンセンテ岬の南端サグレスに小宮殿を建て、ここの航海学校に多くの学者、航海者、技術者をあつめて、大洋航海の組織的研究をすすめていった。エンリケは、みずからは一度も出航しなかったが、冒険と十字軍的使命がむすびついた「事業」をユーラシア大陸の西端で展開した。

エンリケ(「航海親王」といわれた)による物的・人的援助をうけた航海事業は、もっぱら黒人奴隷と砂金の獲得にむけられた。エンリケは、一四四四年、ボジャドル岬以遠への独占航海権を保有したうえで、利益の一〇ないし二〇パーセント納付とひきかえに、ギニア交易を民間に開放した。以後、**アフリカ西海岸での奴隷貿易**は活発になった。つぎのアフォンソ五世(在位一四一六〜五八)は、カスティーリャのイサベル一世(在位一四七四〜一五〇四)の即位に異議をとなえて開戦した。ギニア交易もその影響をうけて停滞したが、一四八〇年に決着をみ、ジョアン二世(在位一四八一〜九五)のもとで、アフリカ探検事業はいっそうさかんになった。

ポルトガルは、このころ、プレステ・ジョアンの国の探索と同時に、アジアとの香料貿易に直接参入するため、アフリカ大陸の南端をまわってインドにたっする航路の発見に熱中した。そしてついに、一四八八年一月、**バルトロメウ・ディアス**は、アフリカ南端の地喜望峰に到着した。これに歓喜したリスボンの宮廷は、大西洋の西航によるインド到達案を提唱していたジェノヴァ人コロンブスの策をしりぞけた。

政治の混乱、経済の交代、社会の動揺がつづいた**カスティーリャ王国**にも、十五世紀になると、イベリア統一の志向がつよまった。いっぽう、アラゴン王国はカスティーリャと同一王朝下にあり、百年戦争後のフランスからの圧迫をおそれていた。これらの事情を背景として、一四六九年、カスティーリャの主導権のもとに、アラゴン皇太子フェルナンドとカスティーリャ王女イサベルの結婚がなり、まもなくそれぞれ王位について、共治体制が成立した。

レコンキスタを再開し、一〇年にわたるグラナダ戦争のすえ、グラナダ王を屈服させた両王は、一四九二年一月二日、アルハンブラ城に入城した。八〇〇年におよぶ半島内のレコンキスタはここに終結した。オスマン帝国によりビザンツ帝国が滅亡し、東地中海域がイスラム文明圏に完全に吸収されて四〇年後、地中海の西端イベリア半島は、逆にキリスト教文明圏の前衛として復活した。

このあと、フェルナンド二世(在位一四七九～一五一六)は、カスティーリャの支援のもとに「イタリア戦争」(六八～七四頁参照)に精力をそそぐことになる。いっぽう、イサベル一世は、強烈な終末観の信奉者で、神の王国の実現のため福音伝道に情熱をもやすフランチェスコ会の在俗会員でもあった。異端審問所を設置して疑わしき改宗者をとりしまるとともに、ユダヤ人そのものをイベリアの社会から追放する決意をかためていた。また、ポルトガルからうつってカスティーリャ宮廷に自分の計画をうりこんでいた**コロンブス**を接見し、グラナダを攻略したあと、ついにその計画を承認した。同時に、ユダヤ人追放の勅令を発し、一四九二年七月末日を期限に半島から追放した。一五万から二〇万のユダヤ人がこのとき半島を去ったという。オスマン帝国の首都イスタンブルはこのとき多くのユダヤ人をむかえいれた。コロンブスの船団がパロス港を出航したのは、その直後の八月三日であった。

## コロンブスの「事業」

コロンブスの航海の主目的が、インドと黄金の発見にあったことはたしかであるが、彼がみずからの行為にあたえた「事業《エスペレサ》」という言葉には、イサベル一世とおなじ終末観にささえられた宗教的使命感がにじんでいる。それは、中世的十字軍、そしてレコンキスタの延長としての、キリスト教徒本位の「事業」であった。

コロンブスは、イサベル一世から、「発見」した島々や大陸の副王となり、その地との交易でえられる金銀、宝石、真珠、香料などの十分の一を無料であたえられることの確約をえて出発し、七二日目の一四九二年十月十二日、サン・サルヴァドール島（現在のワトリング島）に到着した。そのあと、キューバ島をまわり、エスパニョーラ島（現在のハイチ島）の北部に砦《とりで》と部下をのこして、翌九三年三月帰国した。コロンブスは「発見」した島々をアジアの一部（「インディアス」とよんだ）と信じ、同年のうちに第二航海（一四九三〜九六年）に出発、一五〇四年までに計四回の航海を実行した。

このコロンブスの航海にカスティーリャ在住のジェノヴァ商人の資金援助があたえられていたことでもわかるように、スペインやポルトガルの海上進出の背後には、伝統的レヴァント貿易にかわって、あらたな活路をみいだそうとするイタリア商人（とくにジェノヴァ商人）の動きがあった、コロンブスも、たんなる航海者ではなく、時代のあたらしい潮流にのってインディアスでの事業をおこそうとした企業家であった。

コロンブスの「発見」に勢いをえたスペインの両王は、一四九三年、ときの教皇アレクサンデル六世に要請して、ヴェルデ岬諸島西方約五六〇キロで南北にひいた線（教皇子午線）の西側に発見する土地は、スペインの領土とする教書を発布させた。アフリカ南端まわりのインド航路発見を目前にしていたポルトガルがこれに抗議し、翌九四年、スペインとトルデシリャス条約をむすんで、教皇子午線をさらに西へ約一五〇〇キロ移し、その東側の新発見地をポルトガルの支配区域にすることにし、教皇もこれを承認した。このイベリア二国家の独占的な世界分割にたいして、同時のヨーロッパ諸国はとくに抗議しなかった。こうして、スペインの探検家たちはみな、大西洋上の未知の大陸、島嶼《とうしょ》にむらがることになったのである。

十六世紀はじめまでの一〇年間の探検によって、これらの地域は、あきらかにアジアではないと気づかれた。フィレンツェ人アメリゴ・ヴェスプッチは、これを「新世界」の名でよんだ。ドイツの地理学者ヴァルトゼーミューラーは、一五〇七年公刊した『世界誌入門』において「新世界」をアメリカとよぶことを提唱し、これにそえた世界地図に、はじめてアメリカの名がしるされた。

コロンブスの第一航海から一五五〇年までは、アメリカの「発見」、征服、植民の時代である。そのにない手は、黄金と宣教にひかれて大西洋をわたる**コンキスタドーレス(征服者)**であった。カスティーリャ王室は、混乱する植民地の情勢をみて、一四九九年、新大陸を王室の直営地とし、アンダルシア型大土地所有制を導入した。コンキスタドーレスは、住民(インディオ)を奴隷にして酷使した。植民者がもちこんだチフスなどの伝染病もかさなって、住民の死亡者は年々増大した。当初カリブ海域の島々にいたインディオは約三〇万人といわれるが、一五〇八年にはいっきょに六万人に激減し、一五四二年までに絶滅してしまった。これを知ったイサベル一世は、一五〇三年、**エンコミエンダ(委託)制**を採用し、王が委託した領主《エンコミエンデーロ》に、土地とインディオ利用の権利をあたえるかわり、インディオの保護とキリスト教化の義務をおわせた。エンコミエンダをうけない植民者は、領主の従者となるか、あたらしい土地をもとめて奥地への探検にむかうか、どちらかをえらばざるをえず、これが、一五四〇年ごろまでの新大陸のスペイン帝国拡大の基本的動因となった。

### スペイン「世界帝国」の成立

一五〇三年、イサベル一世は植民地貿易を王室の独占支配下におくため、セビーリャに商務省《カサ・デ・コントラタシオン》を設置し貿易の全統制権をこれにあたえた。植民地との貿易にかかわろうとする商人・船舶はここで認可状をとり、輸出入の全品目の明細書を提出して、検査をうけなければならなかった。エスパニョーラ、キューバなどカリブ海域(西インド)の植民地は、産出する金は少量で、期待はずれであったが、本国から輸入した甘蔗《かんしょ》のプランテーション(大農場)経営による砂糖生産がはじまり、砂糖を原料にしたラム酒や、豚の飼育とベーコン製造・輸出など、本国に有望な富の生産地となった。その労働力には、激減いっぽうの土着インディオにかわり、**アフリカの黒人**が奴隷として供給された。一五二〇〜三〇年代にかけて、増大する植民者が必要とする穀物、農具、衣料、ワイン、日用品の輸入と、見返り品の砂糖、ラム酒などの輸出とで、西インド―セビーリャ間の貿易が発展し、商務省をへてスペイン国庫に流れこむ富は巨大なものとなっていった。

十六世紀初頭の西ヨーロッパには、「黄金郷《エルドラド》」を期待して世界誌への関心が急速に高まり、新大陸のどこかにあるはずの「アジアへの裂《さ》け目」(いわゆる「カタイ〈中国〉への道」)を発見しようと、ぞくぞくと探検がくわだてられた。そのほとんどはイタリア人で、かれらは、その経験と技能を新興のフランス、イギリスの君主に買わせようと奔走した。

その風潮のなかで、スペイン人**バルボア**は、一五一三年、パナマ地峡を横断して太平洋岸にで、パナマ総督になったが、四年後、反逆罪を理由に処刑された。つづいて、ポルトガル人**マゼラン**は、アメリカからの香料諸島(モルッカ諸島)への航海を計画し、スペイン王カルロス一世(在位一五一六〜五六)の認可をえて、一五一九年八月、セビーリャを出航、「アジアへの裂け目」をさがして南アメリカ

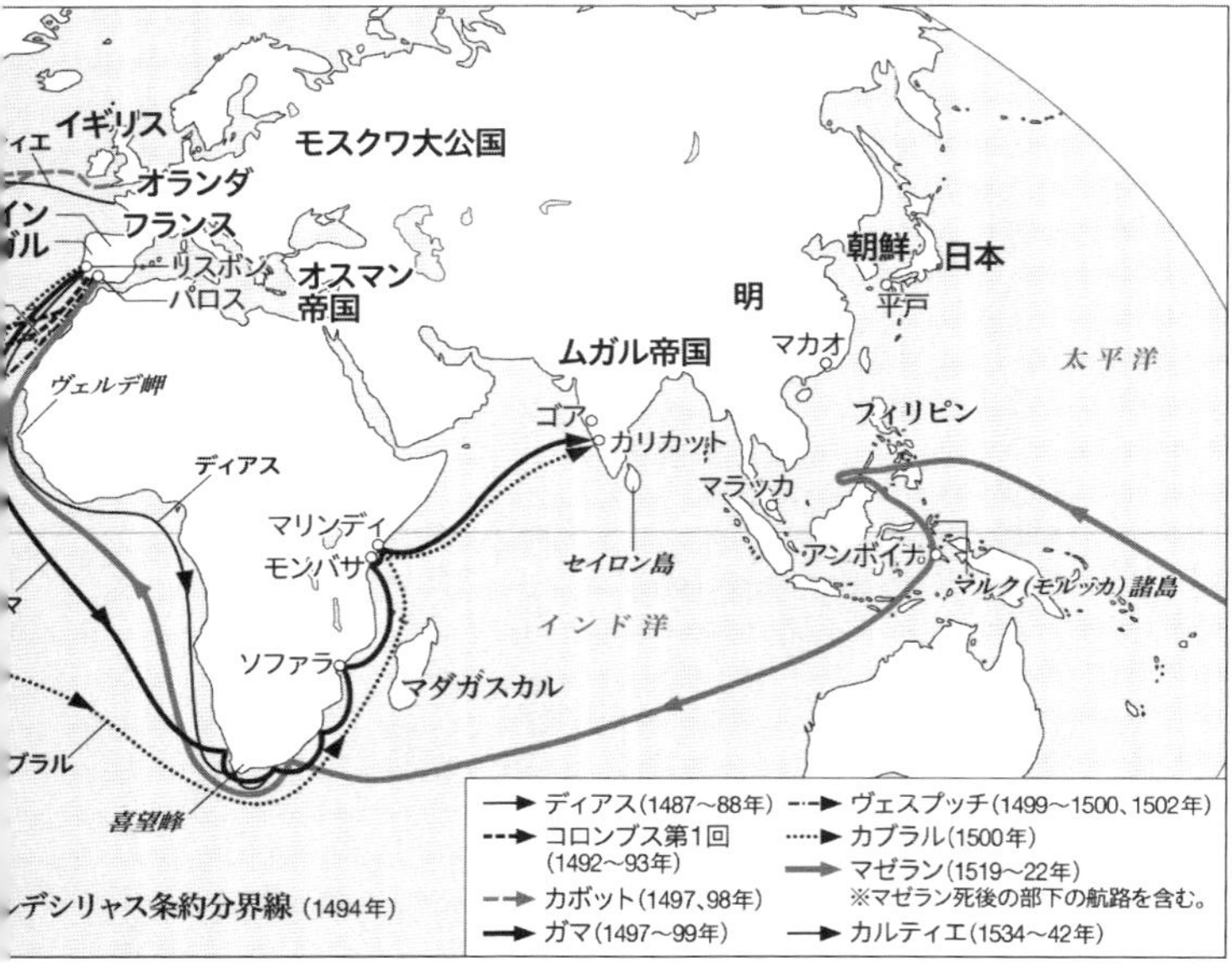


大陸の南端に海峡を発見し（のちに「マゼラン海峡」と命名された）、これを通過して太平洋にでた。この大洋の広大さはマゼランの計算外のことであり、一五二一年三月、ようやくいまのグアム島、ついでフィリピン群島に到着した。マゼランは、セブ島の王たちを強引にキリスト教に改宗させ、近くのマクタン島に攻めこんだが、島民の反撃にあって殺された。生きのこった部下が香料諸島に寄り、インド洋、喜望峰を回航してサン・ルーカル港に帰還したのは、一五二二年九月であった。五隻の船団、二三七名で出航したなかで、帰還したのは一隻、一八名であった。

マゼラン船団の世界周航は、地球の球

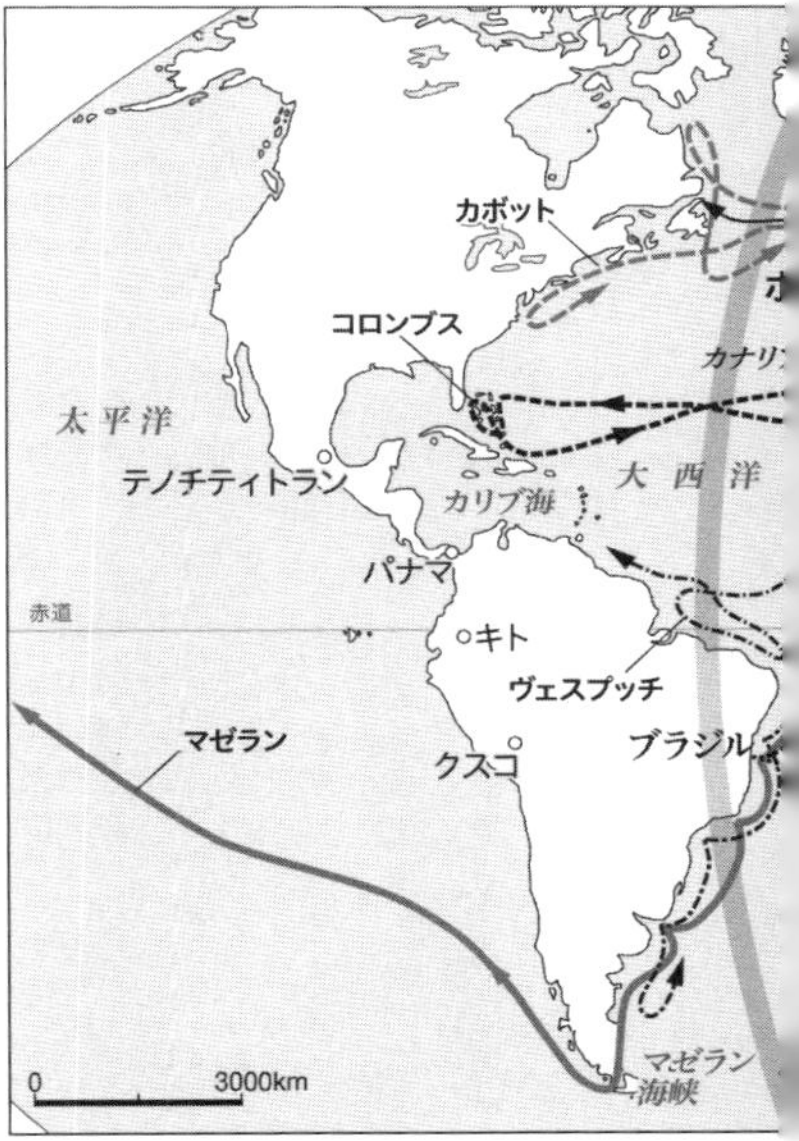

ヨーロッパ人による航海と探検

体を実証するとともに、往年のトルデシリャス条約による世界分割を、東インドの地域にも拡張した。スペイン、ポルトガルはその後数年間の争いののち、一五二九年、サラゴッサ条約によって、スペインはモルッカ諸島を金三五万ダカットでポルトガルに譲渡し、フィリピンの領有権は確保した。

　マゼラン船団がアジアにむけて出発した一五一九年、キューバ総督ベラクルスに命じられた貧乏貴族出身の征服者**コルテス**は、メキシコに上陸し、インディオの無抵抗につけいり、アステカ帝国の首都テノチティトラン(現在のメキシコ市)に入城した。翌二〇年から二三年までに、コルテスは詭計《きけい》と殺戮《さつりく》をもってアステカ

新大陸からの貴金属輸入

10年当り。単位：キログラム

| 時　期 | 銀 | 金 |
|---|---|---|
| 1503〜10 | —— | 4,965 |
| 1511〜20 | —— | 9,153 |
| 1521〜30 | 149 | 4,880 |
| 1531〜40 | 86,194 | 14,466 |
| 1541〜50 | 177,573 | 24,957 |
| 1551〜60 | 303,121 | 42,620 |
| 1561〜70 | 942,859 | 11,531 |
| 1571〜80 | 1,118,592 | 9,429 |
| 1581〜90 | 2,103,028 | 12,102 |

出典：E.J. Hamilton, *American Treasure and the Price Revolution in Spain, 1501-1650*, 2nd ed., New York, 1965. 川北稔「ヨーロッパの商業的進出」『岩波講座世界歴史』16巻。

帝国を征服、この地を植民地ヌエバ・エスパーニャ（新スペイン）とし、その総督となった。コルテスは廃墟にした首都の上に新首都メヒコ（メキシコ）を建設し、メキシコ中央からグアテマラ、ユカタン方面に領域を拡大した。

　このころ、南アメリカのペルーには、**インカ帝国**がなおさかえていた。バルボアの探検にも参加した征服者**ピサロ**は、インカの富を耳にして太平洋岸を南下、探検をこころみたあと、国王カルロス一世の援助をえて一五三二〜三三年インカ帝国に侵入、コルテスにならった詭計をもってインカ王室の内紛につけいり、火器をもった少数の兵力でインカ帝国をのっとった。こうして、わずか一五年たらずのあいだに、独自の「世界システム」をもつ「世界帝国」であったアメリカ大陸の二大帝国、アステカ、インカ両帝国は滅亡した。

征服者が、メキシコ、ペルーから略奪した金、銀、宝石類は莫大なものとなり、それらの約五分の一は国王に献上された。とりわけ、この大陸部植民地からスペインに送られる貴金属は、銀の比率が金のそれを圧倒し、一五五〇年代には、スペイン―新大陸間の貿易は、中南米が西インド諸島を大きくひきはなすにいたった。この**中南米から旧世界に流入する大量の銀**が、のちにみるように、ヨーロッパや中国のあたらしい経済環境の形成に大きな影響をおよぼすことになるのである。

スペインの植民地統治のシステムは、本国に国王直属のインディアス評議会《コンセイヨ・デ・ラス・インディアス》をおいて、インディアス統治に関する法令の発布や裁判、役人・聖職者の任免をおこない、植民地にはアウディエンシアとよぶ統治機関をおき、行政・司法を担当させた。最初の植民地法ともいえる「ブルゴス法」(一五一二年)は、「征服」の正当性・合法性をスペインが一方的に宣言したものであるが、それにしても現地の征服者・役人たちの暴挙は目にあまるものがあった。また、本国でも、このころ、フランチェスコ会士により、古代ギリシアの哲学者アリストテレスの「先天的奴隷人説」(アリストテレスは『政治学』のなかで、人間社会は、「支配すること」にもともとむいている人間と、「支配されること」が自然でもあり有益でもある人間とから成り立っているとして、前者をギリシア人、後者をバルバロイであるといっている)を根拠に、インディオは本質的に奴隷であるとする議論が広がっていた。この**奴隷制擁護論**を批判し、スペイン人の「征服」やエンコミエンダ制を不正として、インディオの人権擁護を訴えたのが、ドミニコ会士**ラス・カサス**であった。

ラス・カサスは、一五四二年、植民地の惨状をつげる報告書をカルロス一世に送り、翌年、インディオの奴隷化禁止やエンコミエンダ廃止をさだめた法令を国王に公布させた。だが、植民地の役人や征服者たちの猛反対をうけ、この法令は無視された。それでもたたかいをやめず、一五五〇年八月には、カルロス一世がバリャドリードに召集した審議会で、インディオの先天的奴隷人説をとなえる法学者ファン・ヒネス・デ・セプールベダとの大論争もおこなった。

ラス・カサスの生涯と思想は、「太陽の沈むことがない」と豪語するスペイン世界帝国の暗部にむけて、不正な「征服」とインディオ迫害を告発しつづける、一条の光明であった。

**ポルトガル香料帝国の成立**

キリスト教国とインドへの道を探索するポルトガルの探検事業は、ジョアン二世のもとで、海上と陸上からおこなわれた。海上ルートは、一四八八年一月、バルトロメウ・ディアスが、アフリカ南端までたっした。陸上ルートをたどったペドロ・デ・クヴィリャンは、おなじ年に、アラビア半島のアデンから海路にかえ、インド西海岸のカリカット（原地名はコジュコーデ）に到着した。**ヴァスコ・ダ・ガマ**が海路で到着する一〇年まえであった。

クヴィリャンは、その後もインド洋貿易圏を調査し、一四九三年にはエチオピアに到着した。エチオピアは、コプト教会にぞくするキリスト教王国で、「プレステ・ジョアンの国」として伝説化されていた国であった。

つぎのマヌエル一世（在位一四九五〜一五二一）のとき、ヴァスコ・ダ・ガマを司令官とする船団が、一四九七年七月、インドにむけてリスボンを出航した。一行は、喜望峰をまわってアフリカ東岸を北上、港市モザンビークでプレステ・ジョアンの国が内陸部にあるとの情報をえた。ガマは、そのすこし北のマリンディで、学識もある老練なアラブ人の水先案内人イブン・マージトをやとい、その導きで、一四九八年五月、インド西海岸(マラバール海岸)の胡椒の集散地カリカットに到着した。

富裕なヒンドゥー教徒のカリカット領主との貿易交渉は、ポルトガル側の貧弱な贈り物やムスリム商人の妨害などの理由から不調におわり、ガマは屈辱をなめた。復路は往路以上に難航し、一四九九年九月帰国したときには、出発のさいの乗組員一七〇名がわずかに四四名をかぞえるのみであったという。一行がもちかえった香辛料もさして多くはなかった。しかし、ヴェネツィア価格からすればはるかに安い原価であったから、おおいに利益をえた。それよりも重要なことは、アジアの香辛料の直接輸入ルートを確立したことである。これは、ヨーロッパの香辛料市場に画期的な変化をもたらし、また、アラブ商人を主とするインド洋上の比較的平穏な貿易に、大波乱をまきおこすことになった。

ガマの成功に歓喜したポルトガル王室は、香料貿易の王室による独占と、産地・ルートの軍事力(とくに火器)による支配とをめざし、あいついで船団をインドへ派遣した。一五〇〇年三月、貴族ペド

胡椒(左)とチョウジ

ロ・アルヴァレス・カブラルを司令官とする一三隻の船団が出帆、ガマとおなじコースをすすんだが、途中、進路をあやまって南アメリカの一角(現在のブラジル北東部)に着いた。一一日の滞在後インドにむかい、喜望峰をまわってカリカットに到着した。たちまちアラブ商人と衝突し、火器でこの港市にも砲撃をくわえて、領主、住民の憎しみをかった。しかし、マラバール海岸の他の港市(コーチン、カナールなど)では大量の胡椒を買いつけて、翌年、リスボンに帰った。

ポルトガル王室は、以後、毎年一回、定期的にインドへの船団を派遣することにし、インド省《カサ・デ・インディア》を設置して貿易の統制機関とした。また、フッガー家など南ドイツの高利貸資本家は、香料貿易が必要とする金、銀をもってリスボンにのりこみ、**インド貿易**に参加して巨富をつんだ。これまで地中海中継貿易によって香辛料の利益を独占してきたヴェネツィア商人には、これらのあたらしい事態はおそるべき衝撃となった。ヴェネツィア共和国に懇願されたエジプト・マムルーク朝のスルタンは、使者をローマ教皇のもとに送って、ポルトガルが喜望峰ルートを放棄しなければ、イェルサレムのキリスト教の聖地を破壊すると伝達した。

これをきいてマヌエル一世は態度を硬化させ、一五〇五年、アルメイダを初代インド副王(総督)に任命し、一万五〇〇〇名の兵士をひきいてインドにむかわせた。アルメイダはインドへの途上、東アフリカ海岸のイスラム系都市を占領ないし破壊して、そこに堅固な砦をきずき、インドのコーチンの砦を補強して自分の居城とした。エジプトのスルタンは、トルコ人、アラブ人などからなる一〇〇隻以上の連合艦隊をインド西海岸にむけたが、アルメイダは数の劣勢を火器の威力でふきとばし、一五〇九年、ディウ沖の決戦で圧勝した。この敗北でエジプトのマムルーク朝はまったく力を失い、すでにみたとおり、一五一七年にはオスマン帝国に屈服、吸収されるのである。

大航海時代のスペイン、ポルトガルでは、征服者・探検家がたがいに功名をきそい、奸計《かんけい》をめぐらすことが多かった。アルメイダをまちうけていたものも、戦勝の栄誉でなく副王の罷免であり、はやくも二代目副王としてアルブケルケがまちかまえていた。このアルブケルケも、一五一五年罷免された。

しかし、その六年間に、**ポルトガル香料帝国**が完成した。一五一〇年、ゴアを占領してここにポルトガルのアジア支配の拠点をおき、翌一一年には、香料諸島(モルッカ諸島)と東アジアへの進出のかなめをなすマラッカを占領して要塞化した。さらに、ポルトガル人はモルッカ諸島にもはいり、テルナテ島に基地をきずくにいたった。アルブケルケは、一五一五年、罷免の年にペルシア湾頭のオルムズを占領し、紅海の入り口をしめるアデンを攻略して、インド洋西部でのムスリム商人の活動を封じこめた。

## インド文明圏の展開

インド亜大陸では、十三世紀以来、南北に分かれた三つの勢力圏が対立と抗争をつづけてきた。ポルトガル勢力が進出してきた十五世紀末から十六世紀初頭には、北インドはロディ朝(一四五一〜一五二六)の、デカン地方はおなじムスリム国家のバフマニー王国(一三四七〜一五二七)の、また、その南方はヒンドゥー国家のヴィジャヤナガル王国(一三三六〜一六四九)の統一支配下におかれ、この三大勢力がたがいに対立抗争する関係にあった。

当時、インドをのぞくアジア諸地域の王朝国家は、仏教、ヒンドゥー教、イスラム教のちがいはあれ、ほぼ単一の宗教によって統合されていたが、インドでは、イスラム教とヒンドゥー教の二つのことなった文明体系が並存し、それが北と南の対抗を持続させていた。

北インドのイスラム化は、十一世紀はじめ、アフガニスタンのガズナ朝の侵入によりはじまったが、最初のムスリム王権が成立したのは一二〇六年であった。その後、北インドには、デリーに都をおく五つの王朝(奴隷王朝、ハルジー朝、トゥグルク朝、サイイド朝、そしてロディ朝)が交代し、ヒンドゥー諸王国を制圧、南インドの支配をめざす遠征をくりかえした。デリー・ムスリム王朝の貴族、武将、官吏など支配層を構成したのは、おもにトルコ、アフガン、アラブなどのさまざまな部族出身のムスリムで、この支配層は、一代かぎりのイクター(給与地)をあたえられ(**イクター制**:給与された土地から租税をとり、これによって兵士と軍馬を調達した)、都市に住んで中央・地方の行政や軍事を担当した。都市の商業はさかえ、貨幣も大量に流通した。内陸部の商工業や市場で活躍したのはヒンドゥー商人であるが、インド洋をめぐる海上貿易はムスリム商人によっていとなまれた。

いっぽう、デカン地方のムスリム国家バフマニー王国は、デリー政権のトゥグルク朝のアフガン人家臣によって建てられた国で、統治は四つの州に分けておこなわれた。ムスリムの人口が少数のため、イランなどからムスリムを誘致する政策がとられたが、このため古い移住者と新来者との対立がうまれ、十五世紀後半深刻な抗争がおこって王国は分裂し、ロディ朝をたおして北インドを統一したムガル帝国によって、一五二七年に滅ぼされた。

バフマニー王国の南方にあった**ヴィジャヤナガル王国**は、デカン地方までがムスリムの勢力圏にはいったあとも、ヒンドゥー圏にとどまって、独自の社会と文化を発展させた国である。王国は数州に分けて統治され、王族やバラモンが中央・地方の要職につき、土地や村落をあたえられて支配層となった。各地に建立された壮大なヒンドゥー寺院も、広大な土地を保有して権威をもった。王国内には宝石類の産地があり、この宝石や香辛料などを利用して、西アジア、アフリカ、東南アジア、中国などと活発に交易をおこない、財政は豊かであった。ヴィジャヤナガル王国は、この富で入手したムスリムの兵士や西アジア産軍馬によって軍隊を強化し、北方のバフマニー王国とたたかい、スリランカにも遠征した。

ポルトガル人が最初に到達したころ、ヴィジャヤナガル王国の統制がゆるみ、カリカットは地方領主の支配するところであった。また、ゴアは、バフマニー王国に占領されていた。ポルトガルは、このゴアを一五一〇年占領してアジアでの拠点としたが、ヴィジャヤナガル王国はポルトガルと友好関係をむすび、貿易をつうじて利益をえた。十六世紀後半、バフマニー王国のあとに分立した五王国とあらそって大敗もしたが、ヴィジャヤナガル王国は一六四九年まで存続した。

## 東南アジア諸王国の盛衰

十五世紀の前半、明の**鄭和**の南海巡航(八頁の地図参照)のさい、その主船団がすすむ東アジアのコースはほぼ決まっており、ベトナム中部、東ジャワ、スマトラをへてスリランカ島南端からインドのカリカットまでの道のりは、どの回もおなじコースをとった。ベトナムは、陳朝がほろびたあと明の占領下におかれたが、ベトナム人はこれにはげしく抵抗し、一四二八年黎利《れいり》が独立を回復して黎(レ)朝を建て、国名を**大越**とした。一世紀後には南北に分裂したが、名目的には十八世紀までつづいた。

カンボジアの**アンコール朝**は、隣国タイの**アユタヤ朝**(一三五〇～一七六七)の圧迫をうけて衰えた。ジャワ東部に中心をおくヒンドゥー国家**マジャパヒト王国**も、その最盛期は、インドネシアのほぼ全域とマライ半島およびフィリピンの一部を支配下におく海上帝国であったが、十五世紀には、内乱、北部海岸のイスラム小国家群の台頭、マライ半島のマラッカ王国の成立などによって衰えた。

**マラッカ王国**は、半島とスマトラ島とのあいだの海峡中央部にパラメーシュヴァラ王が一四〇〇年ごろ建てた国である。王は、アユタヤ朝の南進をくいとめるため、一四〇五年に明朝に使節を送った。この外交は鄭和の南海巡航をさそい、中国の貿易船の来航が活発になった。また、建国後まもなく、王がイスラム教に改宗したことにより、マラッカ王国はイスラム国家になってムスリム商人が多数来航するようになり、国際性が急速につよまった。

東西海上交易の発展とともにマラッカ王国の繁栄と自立性はたかまり、十五世紀なかば、アユタヤ朝の陸と海からの二度の攻撃をしりぞけ（一四四五～五六年）、その支配領域は、マライ半島のふくらんだ部分全体と、マラッカ海峡対岸のスマトラ東岸の一部や付近の島々にまで広がった。しかし、一四九八年ヴァスコ・ダ・ガマがインドのカリカットに到着した年あたりから、宮廷内に陰謀が渦まき、王権が急速によわまった。この衰弱にじょうじて、スマトラ島北西端に**アチェー王国**が勃興する。

太平洋とインド洋とをむすぶ海上交通の要地にあったマラッカは、東西の物産の集散地であったが、数ある物産のうちとくに重要なものは、**東からの香辛料と西からの綿織物**であった。香辛料のうち、ジャワやインドなどアジア南東部にひろく分布する胡椒（英語ではブラックペパー）とちがい、チョウジ（丁子、英語ではクローヴ）、ニクズク（肉豆蔻、英語ではナツメグ）は、モルッカ諸島内の特定の島にしか産しなかった。

ニクズク
ナツメグ（nutmeg）はニクズクの種子のこと。種子をつつむ仮種皮はニクズクの花。英語ではメイス（mace）という。

この香辛料が、ヨーロッパでは、肉の腐敗防止や保存、医薬などに効用があるため珍重され、ムスリム商人の中継貿易によって輸入されていたのである。しかし、モルッカ諸島は他の農産物にとぼしく、食糧や衣料は外来の商人に依存するほかなかった。島民の食糧となるタイやビルマ、ジャワの米、インドの綿織物がマラッカにあつまり、モルッカ諸島からの香辛料の集散地となったジャワ東部のグレシクの港にはこばれた。

香料貿易を制することができたのは、金、銀などの貴金属ではなく、米と綿織物をもちこめる商人であり、具体的には、インド西岸のグジャラート商人と、東方のインドネシア商人であった。中国（および琉球）の商人は、東アジアの物産をマラッカにはこび、ここにあつまる香辛料その他の南アジアの物産と取引した。マラッカに出入りしていた諸国の船は毎年大船約一〇〇隻、小船三〇〜四〇隻であったという。こうして、マラッカは当時のヨーロッパの諸港をしのぐほどの繁栄をほこったのであるが、卓越した武力をもつポルトガルの侵攻にあって、一五一一年八月、激烈な攻防戦のすえに陥落し、王国は滅亡した。

ポルトガルはマラッカを占領するとすぐ、モルッカ諸島への進出をはかった。しかし、アジアの貿易船は、ポルトガルの支配下にはいりたかい関税やうっとうしい制約をしいるマラッカをさけて、スマトラ北西端のアチェーや、ジャワ西部のバンテンに寄港するようになった。また、インドのゴアやカリカットにも寄らず、インド洋上のモルディヴ諸島をへて紅海にはいった。香辛料の対価物である商品をはこぶグジャラート商人などアジアの商人が、マラッカに寄りつかなくなった以上、ポルトガルの香料貿易が予想されるほどの効果をあげられなかったのは当然である。オランダのファン・ルールの研究では、モルッカ諸島のチョウジの年産平均三〇〇〇バハル(一バハルは約六〇〇ポンド)のうちポルトガルの取引分は四〇〇バハル、全体の一四パーセントにすぎなかったという。

ムスリム商人の手により、香辛料は地中海にはこばれ、イタリア商人のレヴァント貿易によってヨーロッパに輸入される伝統的な香料貿易のかたちは、あいかわらず、十六世紀じゅう活況をていしていたのであった。

## 2 近代世界システム形成下のアジア・アフリカ諸帝国

### 中華帝国の動揺と転換

中国の**明朝**は、十六世紀にはいると、皇帝の暗愚、宦官の専横などで政治がみだれ、急速におとろえていった。権力者の退廃に呼応して、一五〇九年以降、河北、江南、江西、四川など各地で反乱があいつぎ、社会危機が深刻となった。

この危機のなかで、華南の地方長官(巡撫《じゅんぶ》)として地方再建につとめた**王陽明**は、冷静・的確な状況把握と、心即理の原理にもとづく知行合一を説く、実践の学をあみだした。その陽明学は、おくれて十八世紀の日本の儒学者に、つよい影響をおよぼすことになるだろう。

ところで、当時、北方ではモンゴルのタタールが勢力をはり、いまにのこる障壁「万里の長城」をものともせず、大規模な攻勢をくりかえした。これは、中国との安定した交易の実現をはかってのことであったが。十六世紀のすえ、明朝は長城線に多数の**市場**(**貢市**《こうし》)をひらくことによって、モンゴルとの和平を達成する。全長城線で二三カ所もおかれ、明側は牛、馬、羊などの畜類や皮革などを、モンゴル側は緞子《どんす》・紬《つむぎ》などの絹織物、綿布、棉花、鍋釜、米麦などを輸入した。明側のおもな対価は銀であった。

いっぽう、浙江、福建、広東などの沿海地域では、明朝の海禁政策に抗してみずから武装したり、海上の海賊集団に投じたりする**海寇**《かいこう》**の密貿易**があとをたたなかった。かれらは、本拠地を日本の九州に、前進基地を中国沿岸において活動したので倭寇といわれ(後期倭寇、日本人は実際には一~二割で、あとはほとんど中国人であったという)、十六世紀なかごろには長江をさかのぼって南京を攻めるなど、猛威をふるった。明朝も懸命に倭寇の排除につとめ、ついに一五六七年には海禁政策を中止した。五島列島に本拠地をおき、平戸に屋敷を設けていた王直は、倭寇の代表的存在であったが、浙江の総督胡宗憲に、貿易許可をあたえるとだまされて舟山列島にいったところを捕らわれ、一五五七年処刑された。日本との貿易だけはいぜんとして禁止されたが、倭寇の活動は、これ以後おとろえた。

明朝の国家財政は、十六世紀の後半の隆慶年間(一五六七~七二)には、年間一〇〇万両の赤字をだすほど窮乏していた。これは、神宗(万暦帝)の即位とともに宰相となった**張居正**の行財政改革により解消され、余剰さえうむほどになった。張は、この改革を、土地税と徭役《ようえき》を一本化して銀納させる**一**《いち》**条鞭法**《じょうべんぽう》という徴税方式の抜本的簡素化によって達成したのであるが、これはまた、十六世紀後半の中国社会にみられた、商品貨幣経済と銀流通のいちじるしい発達という事実を物語るものでもあった。

張居正の改革によって財政の安定をみた明朝も、一五九〇年代にあいついだ三つの出兵――西北の寧夏での、投降モンゴル人哱拜《ぼはい》の反乱(一五九二年)、日本の朝鮮侵略に対する李朝救援(一五九二～九八年)、西南の播州での、苗《ミヤオ》族の反乱(一五九七年)――によって、致命的な大打撃をうけた。民衆は王朝の重税政策に反発し、「民変」とよばれる都市暴動を各地でおこした。この市民の抵抗運動の正当性を思想的に代弁する、李贄《りし》のようなラディカルな思想家もあらわれた。

おなじころ、明朝の支配のもとで三つに分かれて服していた満州《マンジュ》の女直人(女真人の後裔)のあいだには、交易の広がりをつうじて統合の気運がたかまっていた。建州女直(瀋陽《しんよう》東方に居住)の一首長**ヌルハチ**は、一五八八年、まず建州女直の統合に成功し、ついで長春、ハルビン方面の海西女直の連合軍をやぶって、一六一六年には**後金国**《こうきん》を建て、そのハンの位についた(太祖、在位一六一六～二六)。

ヌルハチの独創は、女直人の社会組織を、行政と軍事を連合させた八旗の制度に編成したことである。旗とは、グサという集団の漢語で、黄、白、赤、藍の四色に分かれた軍旗をもち、それぞれが、ふちどりのないもの(正)と、あるもの(鑲《じょう》)に分かれ、総称して八旗といった。後金の勢力拡大におどろいた明朝は、一六一九年、大軍をもって攻めたが、サルホ山の戦いでかえって大敗し、遼東以東の全域が後金のものとなった。ヌルハチは、一六二五年、瀋陽を都とし、遼東に進出した。

翌二六年、戦死したヌルハチにかわって第八子の**ホンタイジ**（太宗、在位一六二六～四三）が即位し、一六二七年、親明政策をとる朝鮮に出兵して（丁卯胡乱《ていぼうこらん》）、兄弟国の盟約をむすばせた。ついでホンタイジは、モンゴル東部から長城線をこえて北京を包囲した。

このとき明朝は、宦官勢力と結んで実権をにぎる魏忠賢の一派と、これを攻撃する東林派官僚グループとのはげしい抗争のさなかにあり、陝西《せんせい》省では、農民暴動が辺境を防備する飢えた兵士の反乱も誘発して、すべてが手づまりの状態になっていた。

ホンタイジは、北京包囲を一時中止し、一六三四年内モンゴルに侵入して全域をおさめ、一六三六年、国号を**清**《シン》とあらためてその皇帝となった。さらに、朝鮮にたいして臣属をもとめ、拒否されると、みずから大軍をひきいて朝鮮に侵入し、翌三七年、臣属、朝貢をみとめる和約をむすばせた。

中国では、陝西におこった反乱が、一六三〇年代には華北一帯から湖北、湖南にも拡大し、その総勢は五〇万人にものぼった。その指導者になった**李自成**は、租税免除（免糧）などの政策をかかげて農民の支持をあつめ、一六四一年、万暦帝の次子福王を殺害して明朝にとってかわる姿勢をうちだした。一六四三年、ホンタイジが山海関をこえて中国大陸にはいることができずに死んだ年、李自成は湖北の襄陽《じょうよう》でみずから新順王と称し、翌四四年、西安を占領して国号を大順国とさだめた。同年三月には北京をおとしいれ、皇帝と称するにいたった。明朝の最後の皇帝は、紫禁城の北の景山で自殺した。

いっぽう、清では、ホンタイジのあとを六歳の順治帝（世祖、在位一六四三～六一）が即位し、叔父ドルゴンが摂政となって実権をにぎった。ドルゴンは、山海関での清軍との対峙を放棄して清軍にくだった呉三桂の軍団と連合して、北京入城とともに統制のみだれた李自成の政権にたいして総攻撃をくわえた。李自成はわずか一カ月で北京を放棄し、湖北にのがれる途中で討たれた。李自成とはべつに、一六四四年四月に大西国を建てた張献忠も、二年後清軍に殺された。明朝の血すじをひく王たちが、華南の各地で旧官僚や士人層（読書人階級ともいう）に擁立され、南朝と総称される反清政権がなおしばらくは維持された。この間の経過は、司馬遼太郎の精彩ある歴史小説『韃靼疾風録』上・下（中公文庫）に詳しい。

## 転換期の朝鮮と日本

十六世紀にはいるとともに露呈された明朝の統治力の下降は、東アジアの世界システム＝「世界帝国」の下位国家における、固有の自立的展開を促進させた。

**李氏朝鮮**では、中央政界にヘゲモニーをもつ勲旧《くんきゅう》派（建国の功労者の子孫や、歴代国王の即位に功労のあった一族などの高級官僚）と、地方に拠点をもつ両班《ヤンバン》層の士林《しりん》派とが、政治の主導権をめぐりはげしい抗争を展開した。そして、十六世紀のなかばまでに、四回の士林派にたいする大弾圧が勲旧派によっておこなわれたが、在地勢力の士林派は各地に根づよい力をたもち、世紀の後半には、中央政界の実権をにぎるようになった。

李朝の土地制度は、科田法、職田法などによる官人の土地分給制を根幹としていたが、これは、十六世紀のなかごろからは、官人の増加などにともないおこなわれなくなった。この結果、両班層の土地に対する身分的特権は消滅した。国家から田税、貢納、賦役の三種の租税をとりたてられる農民の負担は、十六世紀にはいると事実上一本化され、米や綿布の納入ですむようになり、農民にあらたな変化が生じつつあった。

このような自立的発展をとげつつあった朝鮮にとって、致命的な大打撃をあたえたのが、十六世紀すえの豊臣秀吉による日本武士団の侵略戦争であった。

日本では、十六世紀にはいると、室町幕府の統治力がまったく地におち、戦国大名が各地で地方公権(領国体制)の樹立をめざしてきそいあうようになった。いっぽうでは、全国化する交易・交通網の結節点となる近世都市が成長し、この都市を掌握することが、戦国大名の重要な課題になった。

中国との勘合貿易の実権は、山口の大内氏が独占するようになったが、明朝の海禁政策に反抗する中国人海商(海寇)たちは、環シナ海通交圏ネットワークを利用して密貿易を日本とつづけた。この密貿易は、一五三〇年代以後、日本の銀生産が急増すると、日本の銀と中国の生糸の交換を軸として、さらに活発化した。

中国人海商の代表的存在であった王直の中国船が、一五四三年に種子島に漂着し、同乗していたポルトガル人が西洋流鉄砲を伝えた。その六年後の一五四九年には、イエズス会宣教師フランシスコ・シャヴィエル（ザビエル）が鹿児島に上陸した。この後、鉄砲とキリスト教は、戦国大名の争覇戦を左右するうえで、重要な役割を演じるようになる。

十六世紀の後半にはいり、領国経済をこえる全国的な経済圏の形成を背景にして、日本の情勢は全国的統一権力の確立にむかって急展開した。そして、この事業は、鉄砲を有効に活用した尾張の守護代**織田信長**によってほぼ達成され、一五七三年、室町幕府は滅亡した。信長は、安土を拠点に商業の集中と統制をはかり、仏教勢力との宗教戦争（一一年におよぶ石山本願寺攻めであり、この間に信長は伊勢長島、越前の一向一揆も壊滅させた）にも勝利をおさめたが、一五八二年、家臣明智光秀の反逆にあって自刃した。

信長の事業をうけついだ羽柴秀吉は、後陽成天皇を擁立して豊臣の姓を下賜され、一五九〇年、小田原の北条氏の打倒を最後に、戦国大名の多元的地方公権を解体して統一権力の樹立を実現した。**豊臣秀吉**（太閤《たいこう》）は、刀狩り令と海賊停止令（ともに一五八八年）をだして兵農分離と倭寇放逐《ほうちく》を実現し、太閤検地によって中世的荘園制を解消させ、石高《こくだか》制（米穀の収穫高を基準とした土地丈量法）をしいて土地・人民の直接支配体制（大名知行制《だいみょうちぎょうせい》）を樹立した。

こうして、秀吉は、日本国の内外に権力支配をつよめるとともに、古代以来の伝統的な支配層の華夷意識（自国中心主義）を増幅させつつ世界とむかいあった。神国観念を盾にキリスト教を禁圧し、明の海禁政策にたいしては、朝鮮を先導とした軍事攻勢による打開をはかろうとした。李朝がこれを拒否すると、一五九二年、一五万の大軍をもって朝鮮に攻めこみ、不意をつかれた朝鮮側は、短時日に漢陽(現在のソウル)、平壌(現在のピョンヤン)を攻略された(壬辰倭乱《イムジンウェラン》、日本では文禄《ぶんろく》の役《えき》)。日本の武士団、商人は、各地で民衆殺害、誘拐、物品横領をおこなったが、これに抵抗する義兵運動が各地におこり、明の万暦帝も救援軍を送った。

この結果、宗主国の明と日本の和議交渉にもちこまれたが、秀吉の野望は消えずに決裂し、一五九七年、日本は再度大軍をもって攻めこんだ(丁酉《チョンス》の再乱、日本では慶長《けいちょう》の役《えき》)。しかし、こんどは朝鮮側の防備がかたく、日本軍は動きのとれないままに、領地割譲の野望はやぶれ、翌九八年、秀吉の死去によって撤退した。

七年におよぶ戦禍にあった朝鮮の耕地は荒廃して激減し、家屋、人畜の損害も大きかった。李朝の財政再建のため重い税を課されて農村の復興は困難となり、この打撃からの回復には十七世紀の全期間を要したという。他方、その後の日本では、事態を収拾した秀吉の大老**徳川家康**が、豊臣政権を打倒し、一六〇三年江戸幕府をひらいて、幕藩国家を樹立した。家康は、朝鮮との国交回復、明との勘《かん》合《ごう》貿易の復活をもとめ、朝鮮とは、一六〇七年にいたって修交がなり、以後、十九世紀の前半(一八一一年)まで、日朝両国の平和的国交がつづいた。

## 十七世紀東アジアの銀貿易圏

日本の徳川政権は、はじめ、対外貿易に熱心であった。家康は、一六〇一年朱印船制度を創設して、朱印状をもつ特定の大名や豪商が、インドシナの諸地域、台湾、マカオ、マライ半島、ルソン島などと通商することをゆるした。海禁政策の継続により中国へは渡航できなかったが、中国船との出合い取引により、中国産の生糸《きいと》を仕入れ、日本からは銀、銅、銅器物、鉄などを輸出した。まもなく幕府の承認もあって、中国船の平戸、長崎への来航がふえ、華僑が定住するようになった。

ポルトガル商人は、環シナ海通交圏のネットワークをたどり、中国人海商の密貿易とむすびついて日本に近づいたのであったが、十六世紀後半からは、マカオを拠点にして、公的には禁じられている中国と日本との貿易を中継した。日本でキャピタン・モールといわれたこのポルトガル商人の中継貿易によって日本に輸入される主要な商品は、生糸と絹織物であった。また、イエズス会は、この中継貿易に密着することによって利益をあげ、日本での布教活動の経済的基盤をかためることができた。

中国商人やポルトガル商人が決済にもちいる通貨は銀であり、銀は東アジア貿易圏の基本的通貨となっていた。中国への銀の主要な供給国が日本であり、もうひとつが、フィリピンのマニラ(一五七一年建設)を拠点としてスペイン人がはこぶメキシコ銀であった。スペインは、ポルトガルの妨害にあって、中国と直接に通商関係をむすぶことはできなかったが、福建地方出身の多数の中国商人がマニラに来航して取引した。スペイン商人は、生糸、絹織物、陶磁器を買いつけ、その支払いはほとんどメキシコ銀でおこなわれた。徳川政権は、ポルトガル商人の生糸中継貿易に介入もし、一六〇四年、糸割符《いとわっぷ》制をさだめて、中国産生糸の国内取引地を限定し、値段の決定と一括購入をさせる糸割符仲間を指定した。しかし、キリスト教の急速な普及をみておそれをなし、家康死後の一六一六年から禁教と貿易の統制にのりだした。

そして、三代将軍家光のとき、一六三五年、日本人の海外渡航と在外日本人の帰国を禁止した。つづいて、領主の苛烈な収奪とキリシタン弾圧に抗しておこった島原・天草一揆(一六三七〜三八年)の鎮圧後、ポルトガル船の入港を禁止し、一六四一年には、オランダ船のみの入港と、その入港地を長崎にかぎった。やがて清朝が海禁政策を撤廃して日本への渡航をゆるすと、清国船も長崎のみに入港させることにした。これが、十九世紀になって「鎖国」と名づけられた、**徳川政権の海禁体制**であった。「鎖国」という言葉は、長崎の通詞で蘭学者の志筑《しづき》忠雄が、一八〇一(享和元)年、ケンペルの『日本誌』のなかの一章を訳出して、それを「鎖国論」と題したことによるとされる。この書は公刊されず、筆写されてひそかに読まれたのであった。

この海禁体制にもかかわらず、日本は世界にひらかれていた。また、産業、経済、文化も、十七〜十八世紀の国際環境とむすびつきつつ、独自の発展をとげていった。幕府の直轄地長崎は中国人、オランダ人との、対馬藩は朝鮮との、薩摩藩は琉球との、松前藩はアイヌとの交易をそれぞれいとなんだ。

一六五五年、半世紀つづいた糸割符制が廃止され、生糸が商人の自由な取引にまかされると、価格が高騰し、対価物の銀が大量に流出した。当時、日本は、世界屈指の銀の産出国であったが、さすがに幕府もこの大量の銀流出をうれえて、一六六八年、**銀輸出を禁止**した。しかし、幕府はまもなく中国船にたいしては、銀以外には有効な対価商品をもたなかったため、これを解禁した。

一六八四年の清の海禁政策撤廃後、中国沿岸各地から中国船が大挙来航すると、翌年、幕府は糸割符制を復活させて貿易統制をつよめた。その後、長崎の中国人を唐人屋敷に囲いこみ、長崎会所を新設して貿易経理を統括するにいたった。

西洋諸国のうち唯一日本との貿易をゆるされていたオランダは、一六四二年、台湾を制圧し、ここを拠点とした中国―日本間の中継貿易を、対日貿易のおもな柱とした。しかし、一六六一年、明の遺臣鄭成功によって台湾をおわれたあとは、清の鄭氏討伐に協力して中国との朝貢貿易を拡大するいっぽう、東南アジア、インドと日本との中継貿易を主体とするようになった。

オランダ商人は、トンキンやインドのベンガル産の生糸、インドの木棉、ベトナムの絹、胡椒、東南アジアの香辛料、薬、珊瑚《さんご》、砂糖からヨーロッパの毛織物、書籍にいたるまで、じつに多種多様な物品をはこんだ。日本からは、金、銅や陶磁器が輸出された。異国の珍品とともに情報も輸入された。オランダ商館長は着任後の江戸参府を義務づけられ、将軍に拝謁して、幕府にとって貴重な対外情報となる「和蘭風説書《オランダふうせつがき》」を提出した。

幕府はまた、対馬、薩摩、松前の三藩にそれぞれの対外関係の業務を「役」として分担させた。また、そこからあがる富は「知行」として独占させた。松前藩は蝦夷地(北海道)でアイヌと交易したが、和人の収奪に抵抗したアイヌは、一六六九年、凄絶なシャクシャインの戦いをおこした。これにやぶれたあと、アイヌの従属化はさらにふかまった。

## 清帝国の統一と安定

一六四四年に北京にはいってあたらしい王朝をきずいた満州族の清は、中国史上なんどもくりかえされた、漢民族国家とはことなる異民族の征服王朝であった。おなじ異民族支配でも、遊牧民のモンゴル人が建てた元帝国は、かれらがはやくから西方イスラムの高度な文明と接触し吸収していたこともあって、おそれずにモンゴル中心主義をとった。

しかし、がんらい狩猟農耕民の満州族出身の清は、ヌルハチからドルゴンまで、山海関以南に侵入する以前にすでに高度な中国文明と接しており、その政治システムや、運用のおもなにない手である士人層を活用しなければ、中華帝国の統括は困難であるとの認識をもっていた。瀋陽から北京に遷都して中国王朝となったとはいえ、地方ではなお反抗勢力が強大であり、広東省にたった桂王《けいおう》の勢力は、いちじは華南の七省におよぶほどあなどりがたいものがあった。

清は、中国平定にさいし呉三桂ら漢人軍閥をおおいに利用し、華南の地方をほぼ平定するとそれぞ

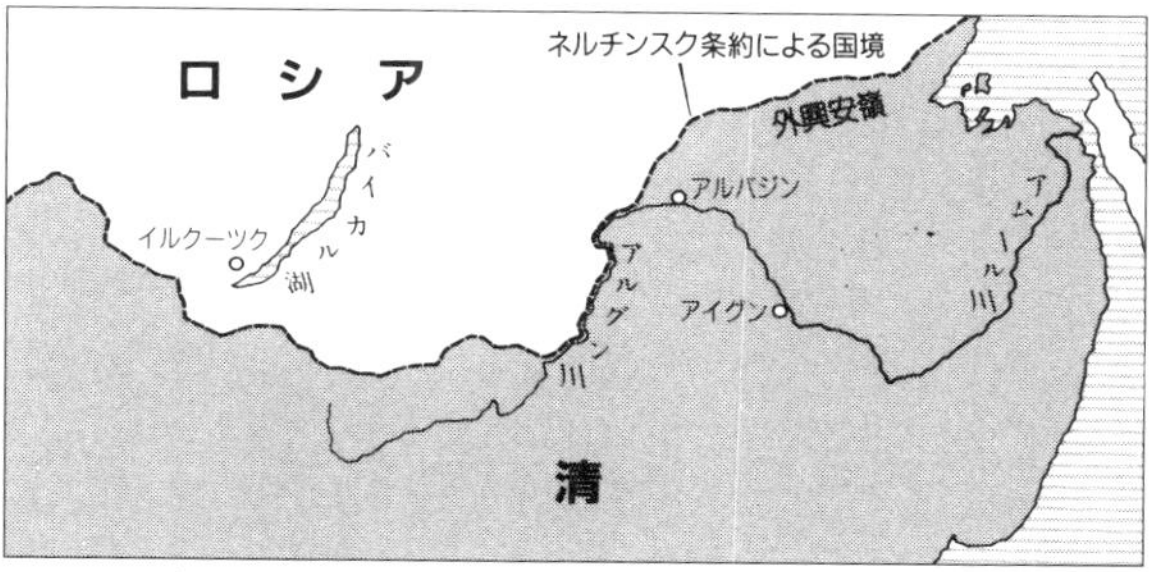

ロシアと清の国境

れ王に封じた。一六六一年、雲南からミャンマー(ビルマ)にのがれた桂王が呉三桂の軍に捕らえられ、処刑された。この年、順治帝が死んで**康熙帝**(聖祖、在位一六六一〜一七二二)が即位したが、康熙帝は、明の最後の遺王が死んだいま、半独立の三藩の存続はもはや容認できないとして、とりつぶしにでた。三藩は、呉三桂を先頭に、一六七三年から呼応して反旗をひるがえした(三藩の乱)。陝西、広西の軍閥もこれに応じ、内モンゴルのチャハルも離反するなど、清は建国初の、最大の危機をむかえた。

康熙帝は前後九年のあいだよくしのぎ、一六八一年、ついにこの反乱を鎮圧した。ひきつづき、台湾の経営によって実力をたかめていた鄭《てい》氏を攻め、一六八三年大軍をむけた。台湾は鄭氏の孫鄭克塽《こくそう》の政権下にあったが、鄭氏は戦わずして清に降伏し、中華帝国の領土は史上はじめて台湾にまで広がった。

**清の「世界帝国」化**は、その後も、十八世紀の乾隆帝時代まで、周辺地域の併合あるいは従属化をとおしてすすめられていった。まず、東北では、シベリア東進をつづけてきたロシアが、一六四三年アムール川（黒龍江）流域にたっし、ネルチンスクとアルバジンに前進基地をきずいた。清はこれを破壊しロシア人を撤退させたが、すぐに再建された。康熙帝は、三藩の乱を平定した翌年、アイグン（愛琿）城をきずき、一六八五年アルバジン城を攻略した。その四年後の一六八九年、ロシア、清両国はネルチンスク条約をむすんで、両国の国境を外興安嶺、アルグン川とし、通商協定や逃亡者の処理、越境に関する規定などをさだめた。軍事力でロシアを圧した清は、アムール川流域をすべて中華帝国の版図として、この地域からロシア人をしめだしたのであった。

西北では、天山北路のイリ地方にあった明代のオイラートの後裔にあたるモンゴル人のうち、ジュンガルがガルダンに統率されて強大になった。ガルダンは、東トルキスタン、青海地方からチベットも制圧し、外モンゴルにも侵入してチベット仏教（ラマ教）の大帝国を建設する野望をあらわにした。これに康熙帝は、一六九六年、みずから軍をひきいて外モンゴルに親征し、ジュンガルを大破した。これによって、ホンタイジ以来の内モンゴルにくわえて、清は外モンゴルと青海をみずからの領域にふくめることになった。清朝は、モンゴル、青海や、やがて帰属したチベット、新疆を藩部と総称し、これを直轄領とはせずに、間接統治策をとった。これを管理する中央機関に理藩院を設け、その長官には満州人をあてた。

清朝の中国統治は、清への服属の象徴としての辮髪《べんぱつ》をすべてのものに強制し、したがわないものを徹底的に抑圧すること以外は、行財政の統治システムは明朝にならい、中国の伝統的王朝の後継者としての正統性をしめそうとした。官僚制度は明朝のものをほぼ踏襲し、中央官庁には、漢人と満人とを同数並用した(したがって定員は偶数制)。地方官には比率の規則はないが、府、州、県の官僚はほとんど漢人であった。

科挙制は盛大におこなわれ、漢民族文化の護持者の立場をあきらかにするため、康熙帝以下三代の皇帝により『康熙字典』の編纂など、膨大、広範な編纂事業がすすめられた。そして、華夷思想によって清朝を夷狄視《いてきし》するものにたいしては、皇帝は「文字の獄」といわれるほどの峻厳な統制と弾圧をもってのぞんだ。

税役制度は、明末の一条鞭法を継承した。すでに人丁《じんてい》にわりあてられた徭役《ようえき》銀のうちの丁銀の割合は減少して、田土への割当分が増大していたが、康熙帝は、一七一三年人丁額を固定化し、以後増加する人丁は賦課の対象からはずすと決めた。これは、農民への朗報となり、清帝国の人口増加につながったばかりでなく、つぎの雍正帝時の地丁銀制による田土のみを基準にした税役体制を成立させて、農民が現実に生活している郷村が、国家の農民支配の基礎にすえられることになった。

### ムガル帝国の成立と展開

インド亜大陸には、十六世紀はじめに出現した**ムガル朝**が、この世紀のうちに強大なイスラム国家に発展して、イランのシーア派イスラム国家サファヴィー帝国、その西方のスンナ派イスラム国家オスマン帝国とならぶアジアの三大イスラム帝国となった。

ムガル朝の開祖バーブル(在位一五二六〜三〇)は、中央アジアに台頭したモンゴル系の族長であった。ウズベクにおされて南下し、一五〇四年カーブルを支配したあと、北インドのロディ朝の反国王派貴族の要請に応じてデリーに進撃、一五二六年、パーニパットの戦いでロディ朝の大軍をやぶり、北インドにムガル朝をひらいた。デカン高原にはバフマニー王国のあとに分裂した五王国が、その南方にはヴィジャヤナガル王国が並存していた。

ムガル朝は、十六世紀前半はとくにはふるわなかったが、十三歳で即位した三代**アクバル**(在位一五五六〜一六〇五)のとき、その智謀と周到な戦略によって、ベンガルからグジャラートにかけての東西、および中央インドにまたがる広大な領域を制圧した。そしてアクバルは、この広大な領域を、州《スーバ》、県《サルカール》、郡《パルガナ》に分け、中央の命令が整然とおよぶ巧妙な集権体制をつくりあげた。

王族以下の家臣団は六六等級のマンサブ(位階)に叙任され、各級のマンサブにはその位階に応じた給与(貨幣額に相当する収入があがる土地《ジャーギール》)があたえられ、さだめられた数の騎兵と馬を維持する義務が課された。このムガル帝国独特のマンサブ制度は、ムスリムとヒンドゥーの区別なく軍事組織を基盤として家臣団を編成したもので、清帝国が軍事と行政を結合させた八旗制を創始したことと暗合する。

各マンサブにあたえられた土地は世襲はできず、給与地は数年で割り変えられるなど、マンサブを保持する家臣団が土地とむすびついて地方的割拠にむかうことを禁じられ、帝国行政の忠実な遂行者にとどめおかれた。なお、帝国の全土地は皇帝の所有であると考えられ、これが帝領地と給与地《ジャーギール》に分けられていた。

ムガル帝国の財政収入は、おもに農民から徴収する地税に依存していたが、アクバルが採用した特徴的な方式は、単位面積あたりの実績を調査して農作物ごとに地税をさだめ、貨幣で徴収したことである。これをザブト制といい、徴税業務は、官吏か、一定の権益保持をゆるされた**ザミンダール**とよばれる豪農層が担当した。また、地税の額は、主要穀物の収穫高の半分にものぼるのがふつうで、棉、サトウキビ、インディゴ(藍《あい》)など商品作物にたいしても税率はたかく、農民の手もとに余剰はほとんどのこらなかった。

インド亜大陸で広大な領域を統治する場合の困難は、つねに宗教政策にあった。この**宗教政策**でも、アクバルは寛容な政策をとったことできわだっている。アクバルはムスリムであるが、支配領域を拡大するにともない多数をしめていくヒンドゥーの動向に留意し、ヒンドゥーを積極的に家臣に登用したり、非ムスリムに課されていた**ジズヤ(人頭税)の廃止**と、ヒンドゥーの巡礼地税の廃止を断行した(一五六四年)。さらに、一五七五年「信仰の家」を設けて、イスラムやスーフィー(イスラム神秘主義)ばかりでなく、ヒンドゥー教、ジャイナ教、ゾロアスター教、キリスト教などの学者をまねき、それぞれの宗教教義を輪講させた。

十七世紀の開幕後すぐ、アクバル帝が死去したあと、ジャハーンギール帝(在位一六〇五〜二七)と

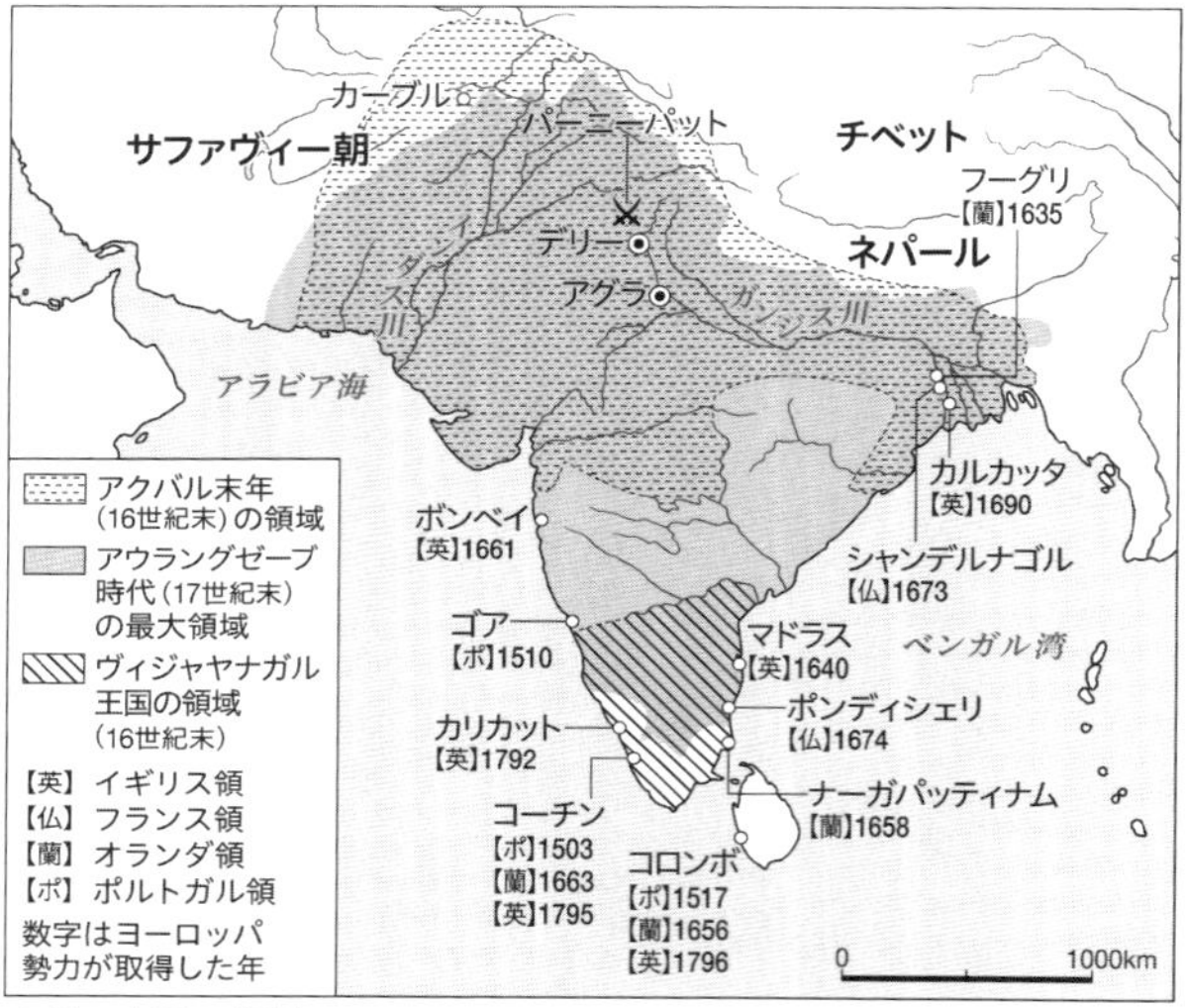

ムガル帝国の領域

シャー・ジャハーン帝（在位一六二八～五八）が、世紀の前半を統治した。ムガル朝は帝位の長子継承制がさだめられていないため、帝位をめぐる皇子の実力抗争がつねとなっていたから、この十七世紀前半でも、一族の内乱や反乱がおこった。第六代**アウラングゼーブ帝**（在位一六五八～一七〇七）の即位は、四人の皇子のあいだで凄絶な抗争となり、三男のアウラングゼーブが父王をアーグラ城に幽閉し、三人の兄弟を殺すことによって実現したほどであった。

　アウラングゼーブ帝が治めた十七世紀後半のムガル帝国は、その支配領域は最大となった。しかし、アクバル帝とはまったく反した宗教政策がおもな原因となって、貴族から農民にいたるまで、さまざまな階層による持続的な反乱が、帝国のいたるところで発生し、ムガル帝国の没落を決定づけることになった。アウラングゼーブ帝は、スンナ派ムスリムの信仰と戒律に熱心ではあったが、ヒンドゥー教徒はじめ異教徒を弾圧し、ジズヤを復活した(一六七九年)。さらに、名高いヒンドゥー寺院を破壊した。ムガル朝の支配を急速におとろえさせることになった反乱は、ラージプート諸国の反乱である。ラージプートは、インド北西部のラージャスタン一帯にも住むヒンドゥー教徒のカーストで、諸侯が割拠し、ムガル帝国に対抗した。アクバル帝のときに服属して以来これら諸国はムガル帝国と友好関係をたもってきた。しかし、一六七八年、マールワール王の死後アウラングゼーブ帝がこの地を併合しようとしたことから反乱がはじまり、ムガル朝との関係は断絶悪化した。

そのほかに、パンジャーブ地方に十六世紀から広がったスィク教徒も、アウラングゼーブ帝の強硬な弾圧に反抗して、教団をあげて帝国に敵対するようになった。また、デカン高原では、ムガル帝国は、バフマニー王国のあとをついだムスリムの五王国のうちの二王国を、十七世紀のなかばまでに併合した。アウラングゼーブ帝は、一六八一年から二六年間もこの地方で軍隊を指揮し、残る国ぐにも滅ぼした。しかし、シヴァージーが建てたヒンドゥー教徒のマラータ王国は頑強に抵抗し、アウラングゼーブ帝はこれを鎮圧できないまま、一七〇七年三月、デカン高原で死去した。

### 東南アジアの変動と南シナ海貿易

一五一一年、東西海上貿易のセンターともいえるマラッカ王国がポルトガルに滅ぼされた。しかし、これは、ポルトガルの期待に反して、海峡都市諸国やジャワの港市国家に国際貿易参加の機会をあたえることになり、東南アジア全体の活性化につながる結果をうみだした。人口が増大する海峡諸国への米の供給国となったミャンマーに、国家統合の気運がたかまり、渡来したポルトガル人傭兵と鉄砲の力をかりた中部ミャンマーのダビンシュウェティが、一五三一年タウングー（トゥングー）朝を建てた。タウングー朝は、南方にたちはだかるタイのアユタヤ朝と、ベンガル湾の覇権をめぐって死闘を開始し、十六世紀後半には遠くラオスにまで勢力をのばし、王都ペグーは貿易センターともなった。

**南シナ海貿易圏の活況**にともない、ルソン島とその周辺の島々の役割がたかまった。南方からはムスリム商人が渡来してミンダナオ島にイスラム教を広げ、東方からは中国人海商も接近した。スペインは、マゼラン以来の因縁で、フィリピンとよぶことにしたこの島をメキシコ・中国貿易の中継地とすべく、一五六五年レガスピの艦隊をセブ島に送りこんだ。一五七一年にはルソン島のマニラに恒久的な基地を建設し、四年後、中国との交易路をひらいた。中国船はマニラに絹織物、陶磁器、工芸品をはこび、メキシコ銀をもちかえった。マニラからは帆船（ガレオン船）が中国物産をメキシコにはこんだ。

これにより、太平洋が南シナ海貿易のなかにくみこまれるにいたった。十六世紀すえの日本も、この国際的な環と無縁ではありえなくなるのである。じつはフィリピンでは、十六世紀の前半から、政治的・社会的統合の動きがはじまっていた。スペインの植民地化とカトリック布教は、この統合の動きにじょうじてすすめられたのであった。

ベトナムは、十六世紀はじめから、政治的分裂がはじまり、南のタインホア地方に阮(グエン)氏の地方政権が成立した。阮氏は、一五五八年、中部ベトナムのフエにうつって自立した。このフエやその南のトゥーラン(現在のダナン)などには、密貿易にしたがう中国や日本の海商(倭寇)やポルトガル商人が来航し、日本人町や華僑町がうまれた。

東南アジアにオランダ船がはじめてあらわれたのは、十六世紀のすえ、一五九六年であった。オランダでは、スペインから独立を宣言して一三年後の一五九四年、商人主体の貿易商社「遠国会社」が設立された。翌年コルネリス・ド・ハウトマンを司令官とする四隻の艦隊を最初のアジア航海にむかわせ、この一行がジャワ島西部のバンテン王国に来航したのである。ついで一六〇二年、アムステルダムに**東インド会社**が設立され、ジャワ海沿岸都市につぎつぎに商館を建て、モルッカ諸島のアンボン(アンボイナ)島からポルトガル人を追いだして香料諸島の支配権をにぎった。さらに、一六〇九年、東インド会社は総督の制度をもうけ、西ジャワのジャカトラ(現在のジャカルタ)に商館と倉庫を建て、一〇年後、武力を行使してここを城塞化し、バタヴィアと命名して東インド会社の政庁をおいた。この前後、オランダの東南アジア進出は、日本との国交もからめて、イギリスとのはげしい競合をともないつつおこなわれた。一六二三年、アンボン島でイギリスのオランダ要塞襲撃計画を口実に、イギリス人一〇名、日本人一〇名、ポルトガル人一名を処刑するという事件をおこしている。

このようなオランダの侵攻に抵抗したのが中部ジャワのマタラム王国で、マタラム軍は、一六二八年から二九年にかけてバタヴィア城を包囲した。オランダ海軍の海上からの攻撃と伝染病(コレラ)のため敗退したが、マタラム王国はその後ジャワ島中部、東部全域の制圧に成功した。これに脅威を感じたバンテン王国が、オランダと友好関係をもつようになったため、バタヴィアは東南アジアのオランダ基地として存続することになった。また、マタラム王国側も、オランダがポルトガル領マラッカを占領(一六四一年)したあと、一六四六年オランダと平和条約をむすんだ。

オランダは、海禁体制(鎖国)に転換した日本から唯一貿易許可をうけたヨーロッパの国家であり、台湾を占領して中国貿易でも大きな利益をえ、スリランカでも、カンディー朝に協力してポルトガルの勢力を完全に駆逐し、かわって居すわるなど、南シナ海で最大の海上勢力となった。おなじ十七世紀の四〇年代には、アベル・タスマンの探検航海によって、ニュージーランド島、タスマン島、それにオーストラリア大陸が「発見」された。

ミャンマーの繁栄は、長くはつづかず、十六世紀のすえに勢力を回復したタイのアユタヤ朝に攻められて、マルタバン港以南の海岸をうばわれた。ミャンマーのタウングー朝は、モン人の反乱にも手をやき、一六三五年、ペグーをすてて山間盆地のアヴァにひきこんだ。以後ミャンマーは凋落《ちょうらく》し、首都が海に近く、王室が貿易を独占するタイに外国船があつまることになり、タイのアユタヤ朝は、十七世紀の南シナ海貿易の主宰者となって全盛期をつくりだした。

## オスマン帝国とサファヴィー朝イラン

十六世紀、十七世紀の西アジアは、オスマン帝国とサファヴィー朝という、対照的なイスラム帝国によって二分された。

オスマン帝国は、セリム一世(在位一五一二〜二〇)の時代に、シリア、アラビア半島、エジプトを属州化し、メッカ、メディナのふたつの聖地の保護権を獲得して、スンナ派イスラム教徒の盟主としての地位を確立した。つぎの**スレイマン一世**(在位一五二〇〜六六)の時代には、オスマン帝国史上の最盛期がきずかれた。

スレイマン一世の対外経略の重点はヨーロッパにむけられた。一五二六年モハーチの戦いでハンガリーの大軍をやぶり、国王を敗死させた、ハンガリーの大半を属州化し、一五二九年にウィーンを包囲(第一次)して、ハプスブルク朝をおびやかした。その後も、フランスのフランソワ一世とむすんでカール五世のヨーロッパ制圧の野望をはばみ、アルジェリアを攻略し(一五二九年)、一五三八年、プレヴェザの海戦で、キリスト教国連合艦隊をやぶり、地中海の制海権を掌握してスペインを苦しめた。

東方では、一五三四年バグダードを占領、ついでイエーメン、アデンを制圧して紅海を「トルコの湖《うみ》」とし、インド洋上でポルトガル艦隊と対決した。さらに、インド西海岸からデカン高原に分立するイスラム諸王国にも援助の手をさしのべた。サファヴィー朝とモスクワ大公国にはさまれた中央アジアのシャイバニ朝にも、おなじように武器援助をあたえた。また、遠く東アフリカのソマリランドやエチオピアの一部にも保護権を行使するほどであった。

いっぽう、**サファヴィー朝**は、サフィーというイスラム神秘主義教団を母体として、十六世紀の開幕の年一五〇一年、**イスマーイール一世**によって創始された、イラン人のイスラム王朝である。ササン朝の崩壊後、八五〇余年もの長いあいだ異民族に支配されてきたイラン人にとっては、待望久しき民族王朝であった。

イスマーイールは、預言者ムハンマド(マホメット)の女婿の第四代カリフ、アリー(初代イマーム＝指導者)とその子孫だけを、ムハンマドの真の後継者とするシーア派(とくに十二イマーム派)の信仰を国教とした。その第四代イマームの母はササン朝の最後の王の娘であるという伝説にもとづき、サファヴィー朝は、ムハンマドとイラン王家の血をひくという伝統的な王権神授思想でみずからをかざり、古代から連続する正統的王朝として君臨することができた。

イスマーイール一世は、スンナ派の盟主トルコのスレイマン一世と対抗しつつ王朝の基礎をかためたが、建国の功労をかさにきたトルコ系軍人集団「キジルバーシュ」(「赤い帽子」の意味)が横暴になり、十六世紀後半にははやくもサファヴィー朝は崩壊寸前まで追いこまれた。しかし、第五代のシャー(王)**アッバース一世**(在位一五八七〜一六二九)は、オスマン帝国のイェニチェリ(近衛軍団)にまねた王直属の新軍を編成して、ギジルバーシュの勢力をそぎ、官僚制を整備して中央集権体制を強化した。

アッバース一世の対外政策は、オスマン帝国とウズベクという東西の敵との二正面作戦をすて、はじめにオスマン帝国と和をむすんでウズベクにあたり、東部国境からその勢力を一掃したあと、オスマン帝国と対決して失地を回復し、イランの全域に広大な帝国を再建した。

この西アジアの両帝国は、古代ペルシア帝国以来の強力な中央集権支配を範としたから、統治システムや国際貿易などに共通する面があった。

オスマン帝国は、アナトリア、バルカンのキリスト教徒子弟から徴用した官僚（「デウシルメ」制）と、イスラム教学の訓練をうけたウラマー層出身の官僚とによる、官僚制的中央集権体制を樹立した。首都イスタンブルに近いアナトリアとバルカンにたいしては、日本の徳川政権の統治ににたティマール制とよぶ一種の軍事封土制をしき、小農民には土地の保有権と相続権をみとめてその自立をはかった。ティマール制下の土地は、出陣（軍役）とひきかえに徴税権をあたえられたシパーヒーとよばれる封建騎士によって管理され、裁判権は、ウラマーの法官《カーディー》にゆだねられていた。

エジプトやイラクのような遠隔の属州は、派遣した総督による間接統治をしき、既存の政治・社会体制をそのまま存続させた。支配下の諸民族は、租税の納入を条件に、宗教的共同体としての自治をほぼ完全にみとめられていた（ミレット制）。

首都**イスタンブル**は、十六世紀なかごろ五〇〇万前後の人口を擁し、東西貿易の中継地としてさかえ、世界各地のさまざまな人びとが往来して、洗練された都市文明が華ひらいていた。その中心の**トプカプ宮殿**は、国際外交の中心舞台であり、学問、芸術、作法などその宮廷文化は世界一流であった。庶民文化もさかんであり、カラギョズ（影絵芝居）をはじめ各種の芸能、祝祭がコーヒー店（カフヴェ）や広場でもよおされた。コーヒー店は、十七世紀にイギリスに移植されて流行するコーヒー・ハウスの原型で、憩いの場であるとともに貴重な情報交換の場でもあった。

サファヴィー朝下のイラン帝国も、アッバース一世によるキジルバーシュ勢力打倒の結果、面目を一新し、官僚制的中央集権体制が整備された。アッバース一世は、カズヴィーンからイランのほぼ中央に位置する**イスファハン**に遷都し（一五九九年）、壮麗なモスク、宮殿、庭園を建設した。また、経済の活性化をはかって、首都と国内各地をむすぶ道路網の整備やキャラバン・サライ（隊商宿）の建設、国内聖地への巡礼の奨励や絹織物、絨毯《じゅうたん》、陶器の製作、輸出などに力をそそいだ。アッバース一世はヨーロッパにも窓をひらき、オランダ、イギリスなどから使節団が来訪した。当時、イスファハンの壮大と華麗をあらわすものとして「イスファハンは世界の半分」という言葉がこのんでつかわれた。

西アジアの二大帝国は、王朝権力の衰退の点でもにかよっている。非凡な君主スレイマン一世、アッバース一世のあとに、両帝国とも凡庸なスルタン、シャーの即位があいついだ。オスマン帝国では、宮廷ではハレム（後宮）勢力が政治に介入して**上層部の腐蝕**がすすみ、デウシルメ制は崩壊して無能な官僚やウラマーが実権をにぎった。イェニチェリ軍団も統制がきかず無頼化した。このようなイェニチェリを優遇するスルタンにたいして、シパーヒーと農民が手をむすび、十六世紀すえから十七世紀なかごろにかけて、しばしば反乱をおこした。

このような中央と地方の抗争は、当時の世界史の普遍的な現象であったともいえるが、オスマン帝国では、この結果、自立した小農民が没落してティマール体制はゆらぎ、帝国の財政も軍事力も低下するほかなかった。バルカンや東部国境での長期にわたる戦争と常備軍団の肥大化、宮廷の奢侈などが、一五八〇年代のアメリカ大陸からの銀のいちじるしい流入にともなうインフレーションとかさなって、帝国の財政を窮迫させた。貴金属の鋳潰《いつぶ》しや貨幣改鋳などでは一時的な解決にしかならず、あらたな徴税という圧政に転じた。これにたいして、シリア、レバノンなどでは反乱がはじまり、**帝国の内部解体の開始**をつげる最初のきざしがあらわれた。

こうしてオスマン帝国は、十六世紀すえから十七世紀にかけての時点で下降の局面にはいった。ただ、十七世紀の後半からは、宰相にキョプリュリュ家という名望家出身の政治家があいついでつき、綱紀の粛正、財政の再建、東地中海域の制海権確保、通商ネットワークの整備など積極的な帝国経営によって、いちじ状況は好転した。しかし、キョプリュリュ家の一員のカラ・ムスタファ・パシャが野心にかられて第二次ウィーン包囲を強行し失敗した(一六八三年)。つづいて、オーストリア、ポーランド、ヴェネツィア、ロシア連合と数年間の戦闘ののち、一六九九年、カルロヴィッツ条約によって、オスマン帝国はトランシルヴァニアとハンガリーの大半、その他を失った。以後、オスマン・トルコは、ヨーロッパ諸国に鼎《かなえ》の軽重を問われる存在となった。

サファヴィー朝も、宮廷の母后、宦官による「影の政府《シャドー・キャビネット》」が力をもち、新軍とギジルバーシュの

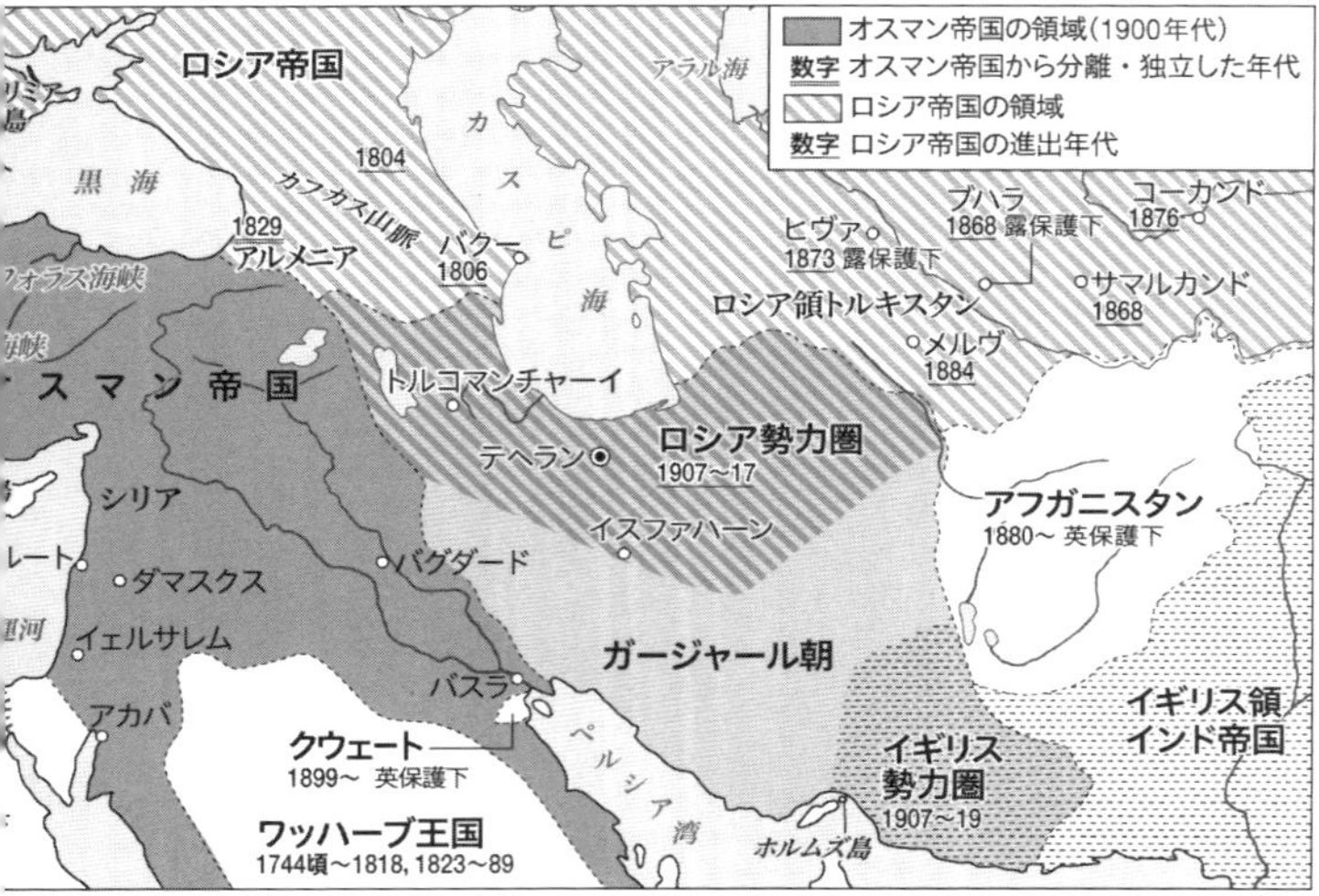


対立や官僚の統治能力の衰弱などにより、十七世紀には急速に威力を失った。トルコの衰弱にたすけられて、なお一世紀間は王朝を維持できたが、最後の王フサイン(在位一六九七～一七二二)のときには辺境の分離・独立運動がたかまり、一七二二年、ついにスンナ派を信奉するアフガン人にイランの支配権をうばわれた。

## アフリカの諸帝国

サハラ以南の、アフリカの海岸部にある黒人王国のベニン王国(十三世紀～十八世紀、現在のナイジェリア)やコンゴ王国(十四世紀～十九世紀、現在のザイール、アンゴラ)は、十六世紀のあいだ、交易拠点をつうじてポルトガルと平和的な外交関係をもった。ポルトガルは香料をもとめ、宣教師を送ってキリスト教化をはかった。ベニ

19世紀の西アジアとバルカン半島

ン王は交易による利益を独占し、また、大量の銅や珊瑚を輸入し、宮廷の工房で、洗練された様式の祭具、装飾板や記念像、特権的装身具などを製作した。

しかし、東南アフリカではこのような平和的な関係はうまれなかった。ポルトガルは、金鉱を直接支配しようとしてモノモタパ王国（十五世紀～十九世紀）に武力攻撃をくわえ、その勢力下にあったインド洋沿岸のモザンビーク、キルワ、ザンジバルなどの港市国家は、ポルトガルによって直接支配下におかれた。

ニジェール川流域には、中世西アフリカの「黄金の帝国」であったマリ帝国をくつがえして、十五世紀後半以来、ソンガイ帝国がさかえていた。交易の要地トンブクトゥは、イスラム教と学芸の都市としても、地中海世界によく知られていた。しかし、十六世紀後半になると、旱魃《かんばつ》、洪水などの災害や内乱になやまされたうえ、一五九一年、サハラ以南への勢力拡張をねらったサード朝モロッコがむけた鉄砲軍団によって、ソンガイ帝国が誇る大騎馬軍は潰滅し、帝国は崩壊した。

チャド湖周辺にあったカネム・ボルヌー帝国は、サード朝モロッコに接するオスマン帝国支配下の北アフリカと密接な交渉をもち、鉄砲や長槍、重装備の騎馬技術を導入して、強力な森林帝国をきずいた。

十七世紀になると、ポルトガルにかわって海上交易の覇権をにぎったオランダが、アフリカにも進出した。一六三七年、オランダ西インド会社は、西アフリカのエルミナ(現在のガーナ)をポルトガルからうばい、黒人奴隷の積荷基地とした。また、オランダ東インド会社は、一六五二年、アフリカ南端ケープに植民地をきずき、オランダ人を農民(ブーア)として居住させ、アジアへの長期航海の補給基地とした。この**オランダの開発**が、現在までつづく人種差別《アパルトヘイト》のみなもととなった。

# 3　近代移行期のヨーロッパ

## 近代国際関係の始動

十六、十七世紀のヨーロッパに展開された一連の政治的・社会的・宗教的な変動の根底には、ヨーロッパ中世世界を解体し、近代的国際政治を始動させる主権国家の形成という、生きた現実があった。そして、この、いうなれば「諸国家体系」(Staatensystem)の形成過程にあっては、部分的であれ全体的であれ、つねに**ハプスブルク朝**がからんでいた。

十五世紀以来、事実上世襲的に神聖ローマ皇帝の座をしめたオーストリアのハプスブルク家は、擬似理念的な「超国家的」皇帝権の普遍主義をかざしつつ、実際には巧妙な**家門権力政策**《ハウスマハト・ポリティーク》をおしすすめて、自領を東西に拡大していった。十五世紀すえ経済的にきわめて重要なブルゴーニュ公領のネーデルラントを姻戚関係によって獲得し(皇帝フリードリヒ三世の皇太子マクシミリアンがブルゴーニュ公シャルルの公女マリを妃とし、一四七七年シャルルの戦死によりネーデルラントは遺領相続権をもつマリのものとなった)、同時に、ブルゴーニュ公家が敵対するフランス王権にたいして編成した同盟システム――イングランド、スペイン、サヴォイアとの外交的連携――をあわせてひきついだ。また、スペイン王家との婚姻(皇帝マクシミリアン一世の子フィリップは、スペイン王女フアナを妃にむかえて王子カールのちのカール五世をもうけた)は、十六世紀初頭にスペイン・ハプスブルク家を成立させ、つづいて、後述のように、世界大に広がる**カール五世**(在位一五一九~五六)の大帝国を出現させるにいたった。

このハプスブルク勢力の伸長には、形成過程にある主権的な諸**「国民国家」**が対抗した。それが、一世紀半にわたる複雑な一連の権力闘争となるのであり、十六世紀前半の神聖ローマ帝国(ドイツ)の内部におこった宗教改革(Reformation)は、いわばその「ミニ版」とみなすことができるであろう。さらに、これらの闘争は、バルカン半島と東地中海域および北アフリカがオスマン帝国によって制圧され、そのインパクトのもとでの西欧諸国の大西洋進出、アメリカ両大陸の植民地化とアジア貿易網の形成という、世界史的な基本的動向のなかでおこなわれたことにも、注意をはらわなければならない。

同時代の世界史において、ヨーロッパにだけ特殊にみられた「諸国家体系」の形成、いいかえれば**最初の近代的国際政治**は、まず、ルネサンス・イタリアでのヘゲモニーをめぐって展開された。これを「**イタリア戦争**」という。その期間は、一四九四年から一五五九年までの六五年間におよぶ。**宗教改革と反宗教改革の一連の動き**は、初期的国民国家形成のための必然的な宗教的変動であり、それはまた、近代的国際政治の第一段階を構成する重要な因子でもあった。

イタリア戦争の仕掛人は、フランス王シャルル八世(在位一四八三~九八)であった。この、中世的な帝国建設の夢につかれた若年の王は、一四九四年、ナポリ王国の継承権をかかげ、大軍をもってアルプスをこえ、電撃的にナポリを占領した。しかし、ただちに反フランス大連合が結成され、ヴェネツィア、ローマ教皇、神聖ローマ皇帝、スペインの両カトリック王、ミラノ公、イングランド王がシャルルの野望に反発した。状況を読みあやまったシャルルはむなしく退却し、かわってアラゴン王フェルナンド二世が送ったスペイン軍がナポリにはいった。これにたいして、シャルル八世にかわったルイ一二世(在位一四九八〜一五一五)が再征服にのりだし、スペイン、フランスの宿命的衝突がはじまったが、結局、ナポリとシチリアは、十八世紀はじめまでスペインの支配下におかれることになる。

ヴェネツィア共和国、ミラノ公国、フィレンツェ共和国、ローマ教皇国家、ナポリ王国の五大国によってたもたれていた「十五世紀《チェンクチェント》ルネサンス」イタリアの政治的均衡は、もはやくずれてしまった。教皇アレクサンデル六世、チェーザレ・ボルジア父子が統括する教皇国家は、イタリアの統合をめざして権謀術数を追求した。ミラノ公国は、ルイ一二世に併合された。このフランスの進出にふたたび複雑な国家連合が対決し、フランス軍は、一五一三年六月、ノヴァーラの戦いで大敗した。つぎの**フランソワ一世**(在位一五一五〜四七)は報復を叫んでロンバルディアに進出し、このたびは大勝した。このとき、教皇**レオ一〇世**と「ボローニャの政教協約《コンコルダート》」をむすび、王権がフランス国内の高級聖職者の選任権をもつことを教皇にみとめさせた。中世以来の「超国家的」教皇権が、まずフランス王権によってやぶられたのである。

十八世紀なかばまでつづく**ハプスブルク対フランスの闘争**は、一五一六年、スペイン王位にフェルナンド二世の遺言にしたがい神聖ローマ皇帝マクシミリアン一世の孫カルロス一世(在位一五一六〜五六)がついたときから、本格的にはじまった。マクシミリアンは、さらにこのカルロスを、早逝した皇太子フィリップのかわりに神聖ローマ皇帝とすべく、アウグスブルクの**金融財閥ヤコブ・フッガー**から巨額の資金をかりて、選帝侯買収工作をすすめた。そのかいあって、一五一九年の選挙で、対立候補のフランス王フランソワ一世をしりぞけ、カルロスはカール五世として即位した。

こうして、この神聖ローマ皇帝は、ドイツ王として以外に、相続をつうじてネーデルラント、スペイン、南イタリア、そのほかに大西洋のかなたのスペイン領植民地、マゼラン一行の世界周航のさいに手をつけた太平洋上のフィリピン群島、これらの首長となった。しかも、オーストリア大公としての東方にむけての伝統的な家門権力政策によって、一五一五年、ベーメン(ボヘミア)、ハンガリー両王国と二重の婚姻関係をむすんだから、以後、オスマン帝国とのあいだに生じるいっさいの「東方問題」(『世界近現代全史2』一三四頁参照)にまきこまれざるをえなくなった。

### カール五世の多正面戦争

偶然がかさなって突如として成立したかのような、中央ヨーロッパを核とするこの「世界帝国」は、しかしながら、同時代のユーラシア大陸の他の「世界帝国」のような一体的な「帝国」でもなければ、統一的な統治システムをそなえた「帝国」でもなかった。しかし、その支配権がもつ国際的性格のために、カール五世は、たえざる多正面戦争にひきこまれざるをえなかった。

その第一の正面の敵は、もちろんフランス国王であった。カールは、一五二一年秋、フランスの勢力拡大をおそれる教皇レオ一〇世、イギリス王ヘンリ八世(在位一五〇九～四七)、ヴェネツィア、ジェノヴァ、フィレンツェとで対仏同盟を結成し、イタリア戦争を展開した。そして、一五二五年二月、ミラノ公国の都市パヴィアの大激戦でフランソワ一世を捕虜にし、マドリードの牢獄につないだ。フランス国内は、この敗北にも動揺せず、かえって教皇以下の同盟者がハプスブルク帝国の強盛に不安をもち、フランス側に寝返った。

こうしておこったつぎの戦争(一五二六～二九年)でカールは勝ったが、ドイツ人とスペイン人からなる皇帝傭兵軍の徹底的なローマ略奪(一五二七年)は、全ヨーロッパに深刻な衝撃をあたえた。また、これを機会に、カトリック側は自己改革と民衆伝道に力をいれるようになる(反宗教改革)。イグナティウス・ロヨラ、フランシスコ・シャヴィエルらがパリで**イエズス会**を創設するのは、こうした気運のなかでのことであった。戦争はなお二回くりかえされ(一五三六～三八年、一五四二～四四年)、一五四四年秋のクレピーの和約で、イタリアをめぐる神聖ローマ皇帝とフランス国王とのたたかいにようやく終止符がうたれた。

カール五世の第二の正面の敵は、オスマン帝国であった。オスマン帝国のスレイマン一世は、バルカン半島を北上し、一五二六年、ハンガリー王をモハーチの戦いでうちやぶった。前述のように、前年パヴィアでカール五世と対決してやぶれたフランス側は、王の母后ルイーズがひそかにスレイマン一世と密約をむすんでハプスブルク家に復讐するという現実主義をとった。

一五二九年、トルコ軍はウィーンの城門にせまった。ウィーンはつぎの世紀の一六八三年にもふたたびトルコ軍に包囲されることになる。ハプスブルク家が一世紀半にわたって脅威にさらされる東方からの強圧のはじまりであった。

この東ヨーロッパの危機は、カールの第三の、国内の正面の敵プロテスタントの勢力拡大に有利にはたらいた。スペインの「両カトリック王」の孫でもあるカールは、個人的にも敬虔なカトリック信徒であったし、各地に分散するハプスブルク家の広大な領土を統一的に支配するためにも、カトリック体制は厳格にまもらなければならなかったから、**ルターの改革運動**への妥協の余地はなかった。しかし、ドイツの諸侯たちは、領邦支配権の確立を優先し、ハプスブルク家の利益にしかならない戦争に奉仕させられることには、きわめて消極的であった。ルターに所説の撤回をもとめるために皇帝によって召集された一五二一年初頭のウォルムス国会は、じつは、対仏戦争への協力をもとめる皇帝と、帝国の国制改革、つまり諸侯権力の向上をのぞむ諸侯との、妥協の会議でもあったのである。

この会議でルターは所説を撤回せず、皇帝により帝国追放と著作の禁圧の処分をうけた（ウォルムス勅令）。しかし、ザクセン選帝侯フリードリヒ賢公のはからいで、ルターはヴァルトブルク城にかくまわれ、新訳聖書のドイツ語訳を完成した。ルターの著作はますます売れ、世論のつよい支持をうけた。カールは、スペインの反乱鎮圧と対仏戦争に忙殺され、ルター問題の処理は弟のフェルディナントにまかせた。ドイツ農民戦争(一五二四～二五年)の鎮圧後、ルター派への転向を明確にしたザクセン選帝侯やヘッセン方伯などは、オーストリアにせまるトルコの脅威を利用し、防衛に協力するかわり、結束して教会改革案をおしつけた。

一五二九年二月、東西の危機から脱したカールは、シュパイエル国会でさきのウォルムス勅令の実施を強行しようとした。しかし、ルター派の諸侯、都市はこれにたいして抗議文をつきつけたので、以後、ルター派のことを「プロテスタント」(抗議する人びと)とよぶようになった。カールは、トルコの脅威をひかえて、翌三〇年のアウグスブルク帝国議会で調停をはかったが、成功しなかった。

クレピーの和約(一五四四年)でようやくフランスとの抗争から解放されたカール五世は、ルター派の排除にのりだし、自衛のためシュマルカルデン同盟に結集していたプロテスタント諸侯に宣戦した。このシュマルカルデン戦争(一五四六～四七年)はカールの大勝となった。しかし、カールがスペイン軍を導入したことでカトリック諸侯さえ反発し、一五五二年ルター派諸侯が、フランス王アンリ二世(在位一五四七～五九)と密約をむすんで援助をうけ再度反乱にたちあがったとき、皇帝にはなんの力も貸さなかった。

ハプスブルク朝は、ほぼ半世紀におよぶ傭兵依存の多正面戦争政策に、莫大な財源を要した。新大陸からの「**銀**」がスペイン王室に流入するのは、十六世紀なかごろ以後のことであり、この富をあてにすることはできなかった。カールの時代は、スペイン、オーストリア、ネーデルラント、ナポリ、シチリアなど自領からの徴税と、ドイツ諸侯からの臨時徴収によってまかなうほかなかった。華美な宮廷生活の出費も、ばかにならなかった。そのため、直轄領や国王特権の質入れ・譲渡、富裕なブルジョワ・貴族、とくにフッガー財閥からの高利借用などにたより、結果的に王室財政を窮迫化させた。しかも、この犠牲のおおい多年の戦争のあいだに、フランスとむすんだトルコの攻撃によって、地中海の制海権をうばわれ、スペインが北アフリカにきずいた勢力のほとんどは失われてしまった。

ヴァロワ家のシャルル八世が半世紀以上まえに追いかけたのとおなじ中世的な帝国建設の夢を、ハプスブルク家のカール五世もえがいて、あわれ画餅《がべい》に帰した。一五五五年九月、皇帝不参加のままひらかれたアウグスブルク帝国議会は、**ルター派とカトリック派の共存**という既成事実を承認する宗教和議（アウグスブルクの和議）を成立させ、諸侯の領邦支配権は宗教の領域にまで拡大された。もはや、ドイツは多元的な主権国家の集合体以外のなにものでもなくなったのである。

このあと、カールは、ネーデルラント、スペイン、ナポリを嗣子フェリペにゆずって引退したが、ナポリ問題からスペイン―フランス間に残り火のようなイタリア戦争がもえあがった。しかし、一五五九年四月、カトー・カンブレジの和約でおわり、十六世紀の後半は、プロテスタント対カトリックの国際的対決の時代へと転換していく。

### ネーデルラント独立問題

スペイン国王**フェリペ二世**（在位一五五六〜九八）が父カール五世からうけついだ「世界帝国」は、神聖ローマ帝国からの分離によって皇帝理念から解放された「大西洋的帝国」であったが、これはまた、たえず財政破綻におびやかされる構造的弱点をもっていた。新大陸からの大量の銀の流入が国家財政をうるおすのは、ようやく一五七〇年代のすえごろになってからであった。

いっぽう、宗教改革運動は、フェリペの時代にはいってから、教義の先鋭さと活動のアクティヴさにおいてルター主義をはるかにしのぐ**カルヴァン主義**が、ジュネーヴを中心にフランス、ネーデルラント、イギリスへと広がっていった。この国際的なカルヴィニズムの運動と対決するのは、ローマとスペインをふたつの焦点とした国際的な反宗教改革運動であった。「皇帝」の称号をもたないフェリペ二世が、自己の「世界帝国」の一元的統合をはかるには、カトリシズムの死守以外にありえなかった。

フェリペがカールから継承したネーデルラントは、羊毛工業と遠隔地商業をつうじて、中世末期よりいちはやく市民社会化がすすんだ地域であった。とくに、勤勉な労働によって富をきずいた北部諸州の住民のあいだには、すでにカールの時代から、ルター主義や、すこしおくれてカルヴァン主義が浸透していた。フェリペ二世の冷酷な「異端」撲滅政策が、都市や貴族の特権を認めてきた伝統的な分権体制の無視や重税賦課の統治とかさなったとき、ネーデルラント人の憤激は圧政への抵抗にたかまった。

抵抗運動は、はじめ大貴族がリードしたが、しだいに中・小貴族と市民層の手にうつり、一五六六年七月、過激派がフランドル、ブラバントの諸都市で聖像破壊運動をおこし、これを機に翌年夏、フェリペ二世が派遣した総督アルバ公が恐怖政治を強行すると、翌六八年六月、ついにオラニエ公ウィレムを中心とした反乱がはじまった。反乱はホラント州(「オランダ」はこれからできた名称)など北部諸州にも広がって、以後三〇年以上もつづくオランダ独立戦争となった。

この長期にわたる戦争は、一五七九年をさかいにその性格から二分される。前期にあっては、抵抗運動においてネーデルラントの統一はまだたもたれており、スペイン本国にたいするカトリック的大衆の政治的反発と、カルヴァン主義者の宗教的抵抗とが共同歩調をとっていた。おなじ時期にフランスでも宗教戦争がはじまり(**ユグノー戦争**、ユグノーとは、フランスの新教徒のこと)、ドイツの新教諸侯やイギリス(イングランドのこと。以下おなじ)の**エリザベス一世**(在位一五五八〜一六〇三)のユグノー支援、フェリペ二世の旧教徒支援という国際的干渉をまねきつつ続行中であった。一五七〇年代のはじめには、ユグノーの首領コリニー提督は、フランス国王シャルル九世(在位一五六〇〜七四)に、伝統的反ハプスブルク戦略にしたがいネーデルラント介入計画を採用させようとさえした。しかし、この計画は、一五七二年八月二十四日夜、王妹マルグリートと新教徒のナヴァル王アンリ(のちのアンリ四世)の婚礼のためパリにあつまった新教徒約三〇〇〇名が、摂政后カトリーヌ・ド・メディシスとギーズ公らによって虐殺された「聖《サン》バルテルミーの虐殺」によってついえた。スペインは、ネーデルラント全域の支配を、なおしばらくは維持することができた。

しかし、一五七五年の財政破綻によって軍資金がとだえ、反乱制圧作戦が足ぶみしたばかりでなく、給与の不払いに不満をつのらせたスペイン傭兵軍は、翌七六年十一月、毛織物貿易や香料貿易でさかえるアントワープを荒らした。この事件を機に、カルヴィニストとその同盟者は結束をつよめ、翌年ウィレム軍がブリュッセルに入城し、革命委員会が政権をにぎるにいたった。スペインの財政がたちなおり、新総督パルマ公アレッサンドロ・ファルネーゼがイタリアからの増援軍もえてまきかえしにでると、聖職者と貴族の勢力がつよい南部一〇州は、オラニエ派に対する警戒と反発から、一五七九年一月、「アラス同盟」をむすんでフェリペ二世との和解にうごきだした。北部のカルヴァン派勢力は、ただちに「ユトレヒト同盟」を結成して対抗したから、反スペイン戦線で統一されていたネーデルラントは、政治的＝宗教的に分裂した。

一五七九年からはじまる独立戦争の後期の特徴は、北部七州の完全独立への前進と、カルヴィニズムの純化およびイギリスとの同盟路線の採択である。南部の「アラス同盟」諸州は、カトリシズム保持を約束してスペインと和解した（これが現在のベルギーの起源である）。北部七州は、一五八一年に独立宣言を発し、ウィレムを統領とする**ネーデルラント連邦共和国**（最有力の州の名をとってオランダと通称）**を建国**した。しかし、宗教的寛容の立場から全国統合をねがっていたオラニエ公ウィレムは、

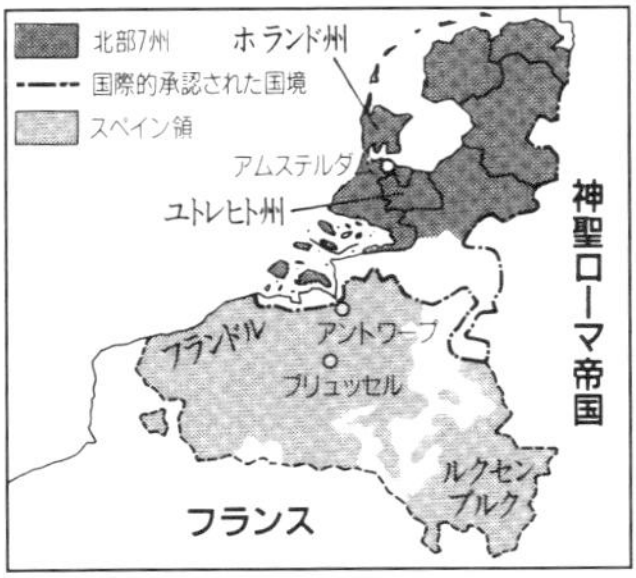

オランダの独立

厳格派のカルヴィニストに排斥されて暗殺された（一五八四年）。いっぽう、新大陸の銀の流入によって財政を強化したスペイン側は、パルマ公が南方からの「再征服」でダンケルク（一五八三年）、アントワープ（八五年）と、つぎつぎに攻略した。危機にたった北部諸州は、ここにおいてイギリスの支援をあおぐことにした。

イギリスの宗教改革は、すでに十六世紀の前半、**ヘンリ八世**のときからはじまっていた。ヘンリは、王妃キャサリンとの離婚をみとめないローマ教皇と激突した。一五三四年にヘンリは、国王至上法（首長法）をさだめてカトリック教会から独立し、王みずからを「唯一最高の首長」とするイギリス国教会を成立させた。ここにイギリスは、世俗の最高権力者が霊界の首長もかねる政教一致体制を、ヨーロッパでは例外的にとる国家となったのである。

つぎのエドワード六世（在位一五四七〜五三）の時代に、急激な新教化がすすめられたが、夭折《ようせつ》したエドワードにかわった女王メアリ一世（在位一五五三〜五八）は、一転して旧教にもどり、新教徒指導者をつぎつぎに処刑して「血のメアリ」とおそれられた。フェリペ二世は、皇太子のとき、このメアリと結婚していたから、フェリペのスペイン国王への即位当初は、国際的カトリシズム戦線はイギリスにまでたっしていた。さらに、スペイン王権によるハプスブルク帝国の再編成＝「大西洋的帝国」

(スペインを中核とするイングランド、ネーデルラント、イタリア、アメリカ)の抗争も、順調にみのるかにみえたのであった。

しかし、このフェリペの構想は、即位数年後のメアリの病没によって頓挫した。つぎの、義妹**エリザベス一世**は、ただちに「国王至上法」と「礼拝統一法」によって、**イギリス国教会体制を再建**した。これは、カトリシズムへの復帰の拒絶であると同時に、より急進的な改革をもとめるカルヴィニズム(**ピューリタン**)の主張を排除するものであった。ただ、エリザベス一世は、イギリスへ逃げこんでくるネーデルラントやフランスの新教徒は黙認し、旧教徒のスコットランド女王メアリ・ステュアートや国内の旧教徒の反エリザベス陰謀を、背後であやつるスペインのフェリペ二世に対抗するため、オランダ支援にふみきった。一五八六年二月、レスター伯が五〇〇〇名の兵士とともにオランダ総督にむかえられた。

## 十六世紀後期の国際戦争とその終結

一五六〇年代、地中海域はオスマン帝国の優位のもとに推移した。一五七〇年、トルコの新しいスルタン、セリム二世(在位一五六六〜七四)が、キプロス島の領有権を主張してヴェネツィアと衝突したとき、教皇ピウス五世は反ムスリム十字軍を提唱した。フェリペ二世は、おりからネーデルラント問題に忙殺されていたが、一五七一年、教皇、ヴェネツィアとむこう三年間の神聖同盟を結成し、十月、ギリシア半島の**レパント港沖の海戦**でトルコ艦隊と激突し、大勝をえた。トルコは、たちまち海軍を再建したから、スペインの勝利は決定的とはいいがたかったが、その後のトルコがサファヴィー朝イランとの対決に力をそそいだから、スペインも、地中海域の脅威は相対的にへり、一五八〇年代には、トルコとの休戦がたもたれた。フェリペ二世は、この勢力均衡を利用して、大西洋上でのイギリスの挑戦と、ネーデルラントの反乱鎮圧に力をいれることができた。フェルナン・ブローデルは、こうして地中海域にうまれた平和状態を評して、地中海は大きな歴史の外におかれた、とたくみにいっている。

この一五八〇年代に、スペインと真っ向から衝突することになったのが、イギリスである。エリザベス朝がはじまったころのイギリスは、人口、海陸の軍事力、国家財政の規模など、どれをとってみてもフランスやスペインとは大きな差がある弱小国であった。これをよく知る女王は、民間経済に活力をつけるため、**通商貿易活動に積極的な保護をあたえ**、海外進出を奨励した。これをうけて、大西洋の海上権を独占するスペインに挑戦し、その植民地を荒らしたり商船をおそったりするものもあった。ホーキンズは、六〇年代に、スペインの目をくぐってアフリカの黒人奴隷を西インドや南米に売りこみ、カリブ海域のスペイン商船をおそった。ドレークは、一五七七年から八〇年にかけて五隻の船で世界周航を敢行し、スペインの植民地や商船から、三〇万ポンドをこえる莫大な分捕金をもちかえった。これらにたいするフェリペ二世の抗議は、女王によって無視された。さらに、一五八七年には、監禁されていたメアリ・ステュアートが、エリザベス暗殺計画に連座していたことが発覚して、斬首された。

イギリスの旧教復活の切り札としていたメアリの処刑を知ったフェリペ二世は、一連の反スペイン行動の報復として、イギリス本土への上陸と粉砕を決意して、一五八八年五月、大小の艦隊約一三〇隻、海軍七〇〇〇、歩兵一万六〇〇〇、砲数約二五〇〇門という「無敵艦隊」をリスボンから出港させた。しかし、七月、ドーヴァー海峡で、この大艦隊は、まちうけたホーキンズ、ドレークらの指揮するイギリス艦隊の捨て身の攻撃にあって完敗した。そして、このイギリス本土上陸作戦の失敗を境にして、ネーデルラントの形勢ははっきりオランダ側に有利になった。

このころ、フランスの内乱は、終末に近づいていた。「聖《サン》バルテルミーの虐殺」ののち、生き残ったユグノーは、南フランスを中心に根づよい闘争をつづけた。かれらの首領にまつりあげられたのは、王族のアンリ・ド・ブルボン(ナヴァル王)であった。旧教側は、ギーズ公アンリを首領にして、パリやその他の都市に勢力をのばし、スペインに多くの便宜を提供してネーデルラントの反乱鎮圧をたすけた。フェリペも、旧教同盟《リーグ》に金銭的援助をあたえ、ギーズ公は、一五八八年パリに入城し、市民の支持をえて国王アンリ三世(在位一五七四〜八九)にとってかわる勢いであった。パリを脱出したアンリ三世は、報復にでて、同年末、ギーズ公を暗殺し、翌年パリを包囲した。しかし、そのアンリがこんどは暗殺者の手にかかって死に、ヴァロワ朝は断絶した。

いまや王位継承権をもつのは新教徒のアンリ・ド・ブルボンだけとなり、一五八九年、**アンリ四世**(在位一五八九〜一六一〇)として即位して**ブルボン朝**をひらいた。これに反対する旧教同盟の要請をうけて、翌九〇年、フェリペ二世がスペインの大軍をネーデルラントから送りこむと、イギリスとドイツの新教諸侯は、アンリに軍資金や兵士を提供して支援した。

こうして、フランスの宗教戦争はますます国際的な性格をつよめた。アンリ四世が、大多数がカトリックの国民の同意をえて正式に王位につくためには、王家の正統性をしめすカトリックの信仰にたちかえる必要があった。一五九三年七月、歴代国王が眠るパリ郊外のサン・ドニ教会でアンリは旧教に改宗し、翌年二月シャルトルで戴冠式をあげ、パリに入城した。

フランスの内乱がここにほぼ終結し、パリから反国王派のイエズス会士が追放されると、一五九五年、アンリはスペインに宣戦を布告、ブルゴーニュや北フランスではげしい両軍の戦闘がつづいた。ネーデルラントの戦況はスペインに不利であり、スペイン軍は腹背からの砲火にさらされることになった。一五九六年、フランス、イギリス、オランダ間に正式の同盟がむすばれた。こうしたなかで、スペインの王室財政はまたまた悪化した。

アンリ四世は、一五九八年四月十三日、ユグノーに大はばな新教の自由をみとめる「**ナントの勅令**」を発布して、三六年にわたる宗教戦争をおわらせた。

その直後、フェリペ二世は、南ネーデルラントをスペインにとどめおくことを最大の目的として、アンリ四世とヴェルヴァンの和約をむすんで、占領していたカレーやブルターニュをフランスに返還した。四〇年前のカトー・カンブレジの和約(七四頁参照)ではスペインのまえに後退をしいられたフランスが、一五九八年には、内乱を克服して統一と独立をまもり、スペインを後退させたのであった。スペイン優位の時代はおわった。フェリペ二世は、このヴェルヴァンの和約のあと数カ月後に没した。

## 経済の不況と三十年戦争

十六世紀のヨーロッパ経済は、前半は好況であったが、後半は、人口の急激な増大に起因した**穀物価格が上昇**した。穀物価格は十六世紀なかごろからの約一世紀のあいだにおおよそ四倍ほど上昇している。穀物価額の上昇は労働者の実質賃金を引き下げて、慢性的な不況となり、これがつぎの十七世紀いっぱいつづいた。

**ひくい農業生産性**と、**せまい工業製品市場**がネックになっていた。労働者は、この経済窮迫には、結婚と出産の予防的制限を実行して対応した。穀物の不足と価格の上昇は、十六世紀後半からくりかえされた酷寒と悪天候による**凶作と飢饉**も、影響していた。下層階級の人びとは慢性的栄養不良となり、インフルエンザ、チフスやペストなどの疫病の流行ごとに大量死をくりかえした。また、購買力の縮小による工業(イギリスではとくに毛織物工業)の不況は、大量の失業者を放出し、食糧暴動や「浮浪者《ヴァガボンド》」を発生させて、大きな社会問題となった。

イギリスのエリザベス朝は、不況の襲来にたいして活路をもとめ、ポルトガル、スペインに半世紀おくれて新市場の開拓、海外進出にのりだした。北洋をとおってのアジアにいたる北東航路の探検はモスクワ止まりであったが、一五八〇年、トルコ領内にカピテュレーション（一種の治外法権）を許可され、翌年、エリザベス一世の特許をえて「レヴァント会社」が設立された。こうして**地中海域への進出は成功**した。すでに述べたようなホーキンズ、ドレークらのスペイン海上圏への果敢な挑戦も、一連の海外発展の動きと無縁ではなかった。

十六世紀前半のイギリスの好況は、ヘンリ八世の通貨操作＝貨幣の悪鋳に起因したものといわれているが、この好況の波にのって**イギリス産毛織物**がアントワープから中・東欧によくさばかれた。しかし、世紀後半の不況にくわえて、スペイン軍の猛攻によるアントワープの陥落（一五八五年）が巨大な市場喪失となって、商工業の危機をさらにふかめた。

また、イギリス毛織物の販路をささえてきた**バルト海域商業圏**は、十六、十七世紀の転換期に、いちじるしく不振になった。ここでは、スウェーデンが中世後期以来のデンマークの支配から脱し、ルター主義を導入、ハンザ同盟の盟主リューベックの経済的支配からも独立してバルト海東岸に領域を広げた。しかし、国王ジグムント三世（在位一五九二〜九九）のカトリックへの改宗（一五八七年）がもたらした宗教的・政治的内戦が、おりからの全ヨーロッパ的不況とかさなって、バルト海商業圏の不振を促進することになった。そのうえ、十七世紀前半のドイツをおおった宗教戦争、三十年戦争（一六一八〜四八年)が、この商業圏の経済的不振をいっそう深刻にした。

いわゆる**三十年戦争**は、神聖ローマ帝国の属領ベーメン(ボヘミア)王フェルディナント(在位一六一九〜三七)が前王ルドルフ二世(在位一五五二〜一六一二)の保障した信教の自由を否認して新教徒迫害にのりだし、激昂した新教貴族が、一六一八年プラハの王宮の窓から王の代官を投げとばす事件が発端となった。反乱は、カルヴァン派のファルツ選帝侯がひきいる新教同盟《ウニオン》(Union)とバイエルン公を中心とする旧教連合《リガ》(Liga)の衝突をさそって、ハプスブルク家領内の紛争から全ドイツ的な宗教戦争へと発展した。一六二〇年、新教同盟側は完敗し、ベーメン、オーストリアの「反宗教改革」は完成した。

勢いにじょうじた旧教連合軍が北西ドイツに進出すると、この地方にふかい利害関係をもつルター主義のデンマーク王クリスティアン四世(在位一五八八〜一六四六)が参戦した。しかし、一六二六年完敗し、皇帝フェルディナント二世は、一五五二年以降に新教徒側が手にいれたすべての教会領域をカトリックに復帰させることを命じた。この、ドイツのプロテスタント勢力が最大の危機に直面した一六三〇年、スウェーデン王**グスタフ二世アドルフ**(在位一六一一〜三二)が、ハプスブルク勢力の中欧からバルト海域への拡大を国家存亡の危機とみて、みずから大軍をひきいて参戦した。旧教国フランスは、グスタフと援助金協定をむすんでスウェーデンを支援した。ここに、三十年戦争はたんなる宗教戦争をこえた、皇帝対諸侯、ハプスブルク対フランスという非宗教的な、権力政治的特質をあらわにしめすことになったのである。

ここで、それまではうごかなかったプロテスタント諸侯のブランデンブルクとザクセンの両選帝侯がたちあがった。一六三一年九月、ザクセンの援助をえたグスタフ・アドルフが新戦術(オランダ式戦術を改良した、密集歩兵団と火器を合理的に使用した戦法)をもちいて大勝し、遠くミュンヘンまで南下した。守勢にまわった皇帝は、政治的野心をおそれていったん罷免した傭兵隊長ヴァレンシュタインを、再度起用した。一六三二年十一月、両軍のリュッツェンの会戦はスウェーデン軍の勝利となったが、グスタフ・アドルフは戦死し、まもなく新教諸侯との講和がむすばれて、神聖ローマ帝国内の政教紛争はいちおう解決したかにみえた。しかし、スウェーデンの同盟国フランスが直接介入を開始するにおよんで、戦争はあらたな、最終的段階に突入する。

フランスでは、ブルボン朝をひらいたアンリ四世が、狂信的なカトリック教徒の刺客の凶刃で倒れたあと、年少のルイ一三世(在位一六一〇~四三)の治世となった。はじめ、摂政の母后マリ・ド・メディシスが統治を不安にしたが、一六二四年以来、枢機卿**リシュリュー**が国務会議をひきいて徹底した王権強化政策をすすめた。リシュリューは、反王権的な大貴族をきびしく弾圧し、王国内に割拠するユグノー勢力を武力によって屈服させ、増税に反対する農民・小市民の反抗を鎮圧した。リシュリューの対外政策は、スペイン・ハプスブルク勢力の優位をくじくことに重点がむけられており、ドイツ内部でのオーストリア・ハプスブルク勢力の挽回《ばんかい》はあくまで阻止しなければならなかった。すでに、スウェーデン軍の南下に呼応して、フランス軍はメッツ司教領、ロートリンゲン(ロレーヌ)公領、エルザス(アルザス)地方などライン左岸のドイツを制圧していたが、一六三五年にはスペインに、三八年にはドイツ皇帝にたいして宣戦した。ここにいたって、戦争はドイツ自身の利害からはなれた国際戦争の性格を露呈することになった。

この戦争で、ドイツはほぼ全土が戦場となり、交戦する双方の傭兵軍団がほしいままな略奪、暴行をはたらき、農村、都市をとわず荒廃がすすんだ。人口は約一六〇〇万(一六二〇年)から約一〇〇〇万(一六五〇年)に減少したといわれる。一六四〇年代にはいり、ドイツ諸侯のあいだにようやく和平の動きがはじまった。一六四四年から、ウェストファリア地方のふたつの都市で、諸交戦国のほかほとんどのヨーロッパの国ぐにが参加して、ヨーロッパ史上最初の国際的な講和会議がひらかれ、複雑な外交的かけひきのすえ、一六四八年、複数の講和条約が締結されて三十年戦争はおわった。

あわせて**ウェストファリア条約**とよぶこれらの条約によって、以下のことが決められた。まず、戦争の発端となったドイツの宗教紛争は、カルヴァン派もくわえての新旧両派の同資格《パリテート》を確認するかたちで解決された。同時に、帝国内の諸侯(領邦君主)は、外交権もふくむほぼ完全な国家主権をみとめられ、ハプスブルク家の支配からの独立を、国際的に認知されることになった。こうして、神聖ローマ帝国は完全な分権体制に移行した。

また、オランダの独立はスペインによって正式に承認され、すでに事実上かちとっていたスイス諸州連合の帝国からの独立も、正式に承認された。

スウェーデンは、西ポンメルンなど北ドイツの要地を獲得し、フランスは、オーストリアからアルザス地方をうばった。エルベ川の東のブランデンブルク選帝侯は、三十年戦争がはじまった年にバルト海沿岸のプロイセン公国を相続をつうじて併合したが、ウェストファリア条約で東ポンメルンを獲得し、オーストリアとならぶドイツの二大領邦への発展の基礎をかためた。

## 十七世紀の全般的危機と諸動乱

三十年戦争がはじまった十七世紀の二〇年代から、ヨーロッパ全体が深刻な危機にみまわれた。とくに、四〇年代からの二、三〇年間は、ヨーロッパの各地で動乱がおこった。あの「魔女狩り」も、この時期にクライマックスにたっした。この危機は、経済にはじまり、政治、社会、文化、思想もつつみこむ、まさに全般的な危機であった。

この全般的危機の解明をめぐっては、さまざまな論争がつみかさねられている。危機の発生を、封建制の束縛が資本主義経済への移行をはばんだ結果とみる(ホブズボーム)か、それとも、「宮廷国家」の寄生的官僚制機構が国家と社会の矛盾を激化させた結果とみる(トレヴァ・ローパー)かで、論争は両極中心に展開し、二十世紀の危機の問題ともかさなって興味ぶかい。ただ、十七世紀からの約一世紀が経済の沈滞、収縮の季節とみる点では、みなだいたい一致している。ヨーロッパの十七世紀の人びとが、つねに、飢饉と、疫病と、戦乱に苦しめられ、経済はふるわず、人口が停滞ないし減少の傾向にあったのは、たしかである。

イギリスでは、すでにのべたとおり、危機は十六世紀後半よりはじまっていた。エリザベス朝は、徒弟法(一五六三年)、浮浪者処罰法(一五九八年)、救貧法(一六〇一年)など諸立法により労働者の強制就労をはかるいっぽう、王権による経済保護政策をとり、レヴァント会社(一五八一年)、東インド会社(一六〇〇年)など特権会社を創設して海外市場の開発につとめた。エリザベス一世の死後、スコットランド王ジェームズ六世が、血縁によってイングランドの王位をかね、**ジェームズ一世**(在位一六〇三〜二五)として**ステュアート朝**をひらいた。ジェームズは「王権神授説」をとなえて議会を無視した。議会は、中世以来の王国の基本法「コモン・ロー」(一般法)の優越を主張して反抗した。

**議会**は、つぎのチャールズ一世(在位一六二五〜四九)の専制に対決して、一六二八年「**権利請願**」をつきつけた。王はこれに署名はしたが遵守する気はなく、不法課税を強行し、議会を解散して専制政治を続行した。この間に議会(とくに下院)をリードする地方**ジェントリ**が、国教会体制をささえ、政策を決定する宮廷(中央)ジェントリに対抗する反国王派を形成していった。かれらは、一六四〇年、国王が、信教自由の問題からおこったスコットランド人の反乱を鎮圧する戦費の調達のために召集した議会(短期議会)で反撃し、解散後に再召集された議会(長期議会)でも、ストラッフォード伯らの側近政治家を断罪し、星室庁など専制政治の機構を廃止して議会主権の確立にむかってつきすすんだ。

この反国王派には、新教派にぞくするとはいえカトリックの残滓《ざんし》を多分にのこす国教会の人びとが多かった。ただし、教義上の立場はさまざまであり、また、議会改革の方向や姿勢も、一致していたわけではなかった。

一六四二年八月、ついに国王は武力対決にでた。議会側は、大同団結して統一戦線をくみ、民兵隊を編成した。大部分が国教徒の国王派と、ピューリタンが多い議会派の決戦となったことから、この内戦をふつう「ピューリタン革命」というが、階層的には、両陣営とも貴族、ジェントリ、農民から構成されており、後者にはロンドン市の大商人や商工業者もついたが、基本的には宮廷《コート》（中央）と地方《カントリー》の争覇とみたほうが実態に近いようである。未熟で稚拙《ちせつ》な議会軍にくらべ、三十年戦争に志願兵として従軍し経験をつんだ軍人も多い国王軍は、はじめ優勢であった。しかし、議会軍の**クロムウェル**は、ピューリタン精神をもやし、使命感に徹した、自営農民《ヨーマンリ》からなる鉄騎隊《アイアン・サイズ》を組織し、これを中心に議会軍を再編成して形勢を逆転させ、一六四六年、第一次内戦をおわらせた。

しかし、内戦＝革命の進行とともに、国王派との妥協をはかろうとする長老派《プレスビテリアン》と、徹底した改革をめざす独立派《インディペンデンツ》の対立が生じた。議会で優勢なのは前者であり、後者が掌握する軍隊の内部にも、平等派《レヴェラーズ》という急進的な議会外勢力がうまれた。長老派は、軍隊の部分的解散により独立派の力をそごうとし、平等派は、人民主権と普通選挙などを主張して独立派主流をのりこえようとした。この対立にじょうじてチャールズ一世は逃亡し、内戦が再発したが、議会側は結束し、一六四八年夏、これをおわらせた。そのあと、独立派は長老派議員を武力で議会から追放し、特設法廷での国王裁判のすえ、一六四九年一月、チャールズ一世を「国民の敵」として処刑した。つづいて王制が廃止されて共和国が宣言され、同年春までに平等派兵士の反乱も潰滅させて、独立派の革命独裁政権を樹立した。

フランスでは、一六四三年、**ルイ一四世**(在位一六四三〜一七一五)が五歳で即位し、摂政の母后アンヌ・ドートリッシュと宰相**マザラン**のコンビで、リシュリューがしいた集権統治の路線をすすんだ。このような中央政府の干渉と負担要求に反発して、十七世紀前半から各地で散発的な民衆反乱がはじまり、一六三九年にはノルマンディ地方で、かなり大規模な反乱がおこっていた。中央のパリでも、法令登録権をにぎる司法官庁の高等法院《パルルマン》の貴族勢力が、拡大する王権の行政支配に反抗して、ルイ一四世の即位五年目の一六四八年夏、ウェストファリアの講和をまえに「フロンドの乱」をおこした。

反乱は、イギリスでの内戦の情報もてつだって地方をまきこみ、各地で農民一揆や都市暴動に連動した。このため、マザランは国外にのがれ、ルイ一四世は母后とともに各地を転々とした。貴族の抵抗は一六五二年夏までにやんだが、反王権的気運がとくにつよかったボルドーでは、翌年まで「楡《にれ》の木同盟」という民衆的党派が包囲する王軍とたたかった。

イギリスやフランスの反王権的反乱のほかにも、スペインでは、一六四〇年にカタルーニャ地方とポルトガルに分離独立の反乱がおこり、ポルトガルは目的をはたした。ついで一六四七年、スペイン領のナポリで、マサニエロの反乱がおこり、一六四九年には、独立したばかりのオランダ共和国に、総督とホラント州の都市貴族《レヘンテン》との抗争がおこった。スイスで農民反乱がおこるのは一六五三年であり、東欧でも、ウクライナやロシアで反乱がおこった。ロシアの反乱はステパン（ステンカ）・ラージンの乱（一六七〇～七一年）といわれるカザーク（コサック）の反乱である。

まことに、十七世紀の全般的危機は、**民衆の全ヨーロッパ的な広がりでの蜂起**となって世紀のなかごろに集中した。これらのうち、目的をはたした反抗は、ポルトガルの独立とピューリタン革命など二、三にすぎず、多くは、反抗者側の力量不足や歴史的条件の未成熟によって、無残な結末におわった。

### 西北ヨーロッパの諸国家対抗

十七世紀にいたり、ハプスブルク家の「世界帝国」の理念は破産し、ピレネー山脈以北の西北ヨーロッパに、国民国家への志向をもつ主権国家が登場してきた。オランダを先頭にして、イギリス、フランスの三国は、十六世紀に開発され、イベリア両国によって独占されたアジア、アメリカの市場に、競争して割りこんできた。ヨーロッパをおおう十七世紀の全般的危機のもとで、その国際商業戦は激烈であったが、まず最初に覇権をにぎったのは、世界の市場情報の入手にすぐれた、中継貿易国家の**オランダ**であった。イギリス、フランスとも、十七世紀の前半は、すでにみたような国内情報の混乱や動揺がネックとなり、出遅れた。オランダが新しい世界システムをつくりだすイニシャティヴをとり、国際商業の中心は、かつてのアントワープから**アムステルダム**にうつった。

このオランダにたいして、いちはやく挑戦できたのはイギリスである。技術的制約（イギリスの毛織物は、染色・仕上技術でネーデルラントにおとり、半製品のままアントワープに輸出されて、そこで仕上げ加工されたのち、東欧・中欧・イタリア方面へ再輸出されていた）のためオランダに従属していたイギリスの毛織物業者が、十七世紀になって薄手の「新毛織物」を開発し、南ヨーロッパや新大陸の新市場に直接輸出をはかろうとするようになった。農村マニュファクチュアを基盤とするこの新毛織物業者と、これにむすびつく地方商人層は、王権（絶対王制）に密着して、従来の厚手広幅の毛織物の生産と流通を独占する冒険商人組合《マーチャント・アドヴェンチャラーズ》の勢力と対抗した。この対抗が、四〇年代からの内戦＝ピューリタン革命の基礎過程にあったのである。

独立派のクロムウェルは、一六四九年共和政権を樹立すると、みずから大軍をひきいてアイルランドに上陸し、国王派貴族を殲滅《せんめつ》して土地没収をおこなった。その土地は軍隊の将軍やロンドンの投機家の手に渡ってかれらを寄生地主化させた。以後アイルランドはイギリスの「植民地」へと転落した。つづいて、議会は一六五一年、大商人層の要求にこたえて**航海法**（Navigation Act）を発布し、海外からの貨物をイギリスに搬入する権利を、イギリス船か、産地の船に限定した。オランダ商船は排除され、オランダの商業独占の打破にのりだした。翌五二年、両国間に戦端がひらかれた（第一次オランダ・イギリス戦争、一六五二〜五四年）。クロムウェルは戦費に苦しみ、オランダ側には和平派のヤン・デ・ウィットがホラント州首相となり、双方が歩みよって戦争は終結した。この間、クロムウェルは一六五三年、終身の護国卿《ロード・プロテクター》に就任して軍事独裁制をしき、新大陸の銀をめあてにスペインと開戦、西インド諸島を攻撃してジャマイカ島を占領した。

一六六〇年三月、議会は新議会の召集を宣言して解散し、亡命中の前王の皇太子チャールズ(二世)は、宗教的寛容と所有権の尊重を約束するブレダの宣言を発して五月ロンドンに帰り、王政復古を実現した。復古後に召集された議会は、革命中の国王派の流れをくむものが多数をしめた。社会階層的には、貴族やジェントリ、およびかれらと共通の利害をもつ大商人などの富裕なブルジョワたちであったが、そのかれらにも、国制を絶対王制に復帰させようという意思はなかった。チャールズ二世も、この議会に制肘《せいちゅう》されて航海法を再発布し、北アメリカ東部海岸のオランダ領植民地ニューネザーランド(その中心地ニューアムステルダムをニューヨークと改称した)を占領、これが原因で一六六五年ふたたびオランダと開戦した(第二次オランダ・イギリス戦争、一六六五〜六七年)。

フランスは、イギリスにくらべてたちおくれていた。オランダやイギリスの毛織物によって国内市場をおかされ、大西洋岸の貿易は、オランダ商人の手にほぼ完全ににぎられていた。フロンドの乱で流浪の屈辱をなめたルイ一四世は、強大な集権体制の樹立と、ヨーロッパ大陸および海上にヘゲモニーを確立することに執念をもやした。一六六一年、宰相マザランが死ぬと、親政にきりかえ、最高国務会議を設けて**専制的な統治を開始**した。

その最大の目標は、悪化する経済環境のもとでの**富国強兵**にあり、ブルジョワ出身の**コルベール**は、保護関税によって国内市場を防衛し、王立マニュファクチュアとよばれる製造所を設立して、輸出向工業生産を育成する積極的経済政策をとり、東インド会社と西インド会社を設立して(一六六四年)、海外貿易の振興にもつとめた。この政策は「コルベール主義」(Colbertisme)とよばれ、**重商主義**(Mercantilism)の典型とみなされている。

**オランダのイニシャティヴによって形成されだした新しい世界システム**は、**資本主義的世界システム**であるが、十七、十八世紀のその第一の段階が「**重商主義**」であった。中継貿易国家のオランダは、商業は重視したがその貿易政策は自由貿易であったのにたいして、オランダの商業覇権に対抗して経済的自立を達成しようとするヨーロッパの周辺国家は、いずれも重商主義政策を採用した。ただ、フランスは、イギリスのように、農村工業を基盤とした「国民的産業」ともいえるような毛織物業をもたず、国内の社会的分業も未熟であったから、国際商業戦に対処するためには、コルベール主義のような国家指令型経済政策の体系を創出せざるをえなかったのである。これによってフランスの国内産業はじょじょに成長していったが、十八世紀の前半までは、強力な遠隔地商人をかいたためもあって、実際には、いぜんオランダ商人の支配にしたがわざるをえなかった。

軍事面では、もともとフランスは、十五世紀後半から常備軍が官僚制とともに王権の支柱として発達していた。しかし、ルイ一四世のもとで国防長官となったル・テリエとその子ルヴォワは、軍制改革を実施し、三〇万の常備軍を擁するヨーロッパ最強の陸軍国に躍進させた。この軍事力を背景にして、ルイ一四世は自然国境論(フランスの国土は東はアルプス山脈、南はピレネー山脈、北はライン川という、自然があたえてくれる国境によって囲まれるべきだという見解)をとなえ、大陸帝国のヘゲモニー確立のため、しきりに対外侵略にのりだしたのであった。

その最初がネーデルラント戦争(一六六七〜六八年)で、つぎがオランダ戦争(一六七二〜七八年)であった。このとき、ルイ一四世はイギリスのチャールズ二世と密約をむすび、対オランダ戦争に協力させた。オランダは、こうしてイギリスとも戦うことになったが(第三次オランダ・イギリス戦争、一六七二〜七四年)、オラニエ家の総督ウィレム三世が国民の先頭にたって戦い、堤防をきっての洪水戦術も辞さなかった。イギリス議会は王にせまって和約の締結を要求し、チャールズもこれをみとめた。王の親フランスならびに親カトリック政策を警戒する議会は、審査法(一六七三年、公職につくものはイギリス国教会に宣誓しなければならないことにした。カトリック教徒を文武の官職から排除するのが目的で、一八二八年まで存続した)、人身保護法(一六七九年、イギリス人民は理由なしに逮捕拘禁されることはなく、この規定に反した裁判官など官吏は厳罰に処せられるとする。今日までイギリス人民の自由を守る法として生きている)をあいついで制定した。議会に妥協するチャールズを、ルイ一四世はあわれみ、かつ、いきどおった。

イギリス議会では、カトリックの王弟ジェームズの王位継承に反対するグループが、再三、王位継承排除法案を下院で通過させたが、そのたびに王は議会を解散した。この法案に賛成するグループをホイッグ、反対するグループをトーリーとよび、これらが政党の原型となった。一六八一年からは、王は議会をひらかず、ルイ一四世同様の**親政政治を強行**した。

## イギリス名誉革命と勢力均衡

一六八五年、ジェームズ二世(在位一六八五〜八八)が即位し、暴政が吹き荒れた。同年、フランスではルイ一四世がナントの勅令を廃止したため、多数のユグノーが各地にのがれた。イギリスにきたユグノーからその惨状をきいたイギリス人のあいだに、反カトリックの感情がたかまった。しかし、ジェームズは「信仰自由宣言」をだしてカトリックの復活をもくろんだ。さらに、一六八八年、ジェームズに王子が誕生し、旧教政策がつぎの治世にも継承される見通しとなった。ここにいたってホイッグ、トーリーの両派に共同戦線がくまれ、ジェームズの娘で新教徒のメアリと、その夫のオランダ総督ウィレム三世に、救援の招請状をおくった。同年十一月、ウィレムは一万二〇〇〇の兵をひきいてイギリス南西部に上陸すると、ジェームズの軍隊は寝がえり、貴族は脱落し、各地に国王反対ののろしがあがった。ジェームズ二世は、ついに玉璽をテムズ川にすて、ルイ一四世のもとに亡命した。

翌八九年一月、成立した仮議会は、空位になった王位に、ウィレムをウィリアム三世(在位一六八九〜一七〇二)としてその妃メアリ二世(在位一六八九〜九四)とともに共同統治者にむかえることを決めた。ふたりは、国王は、議会の承認なしには法律停止権、課税権、平時の常備軍維持権がもてないこと、君主への請願、選挙や言論は合法・自由であることなどがのべられた「権利宣言」に署名して王位につき、議会はこれに若干修正をくわえて「権利章典」として立法化した。流血をともなわなかったこの王位の交代劇を、イギリス人は「名誉革命《グローリアス・レヴォリューション》」とよんだ。また、十七世紀なかばからのピューリタン革命と名誉革命をあわせて、「**イギリス革命**」ともいい、**専制的王権を抑制して議会の立法権を確立した国制**が、ここに不動のものとなった。

　ウィリアム三世は、すでに、オランダ総督として、ルイ一四世の大陸へゲモニー樹立の侵略行動に抵抗してきた。一六八六年には、皇帝、ドイツ諸侯、スペイン王、スウェーデン王で、アウグスブルク同盟という対フランス国家連合を結成し、勢力均衡によるヨーロッパ平和の構想を現実化した。ルイ一四世は、この連合諸国に先制攻撃をかけようとして、名誉革命直前の一六八八年十月、ファルツに侵略した。その直後に、ウィレムがイギリス国王となったから、この戦争(アウグスブルク同盟戦争、または九年戦争、一六八八〜九七年)は、ヨーロッパ大陸だけでなく、遠く北アメリカにまで広がる「世界戦争」となった。海軍力におとるフランスは、一六九二年、ジェームズ二世の復位をはかってイギリス上陸作戦をこころみたが、イギリス・オランダ連合艦隊の反撃にあって壊滅的敗北をきっした。

　けっきょく、フランスは、この九年におよぶ戦争をライスワイクの和約で終結させたが、アルザスの若干の占拠地の領有はみとめられたものの、オランダ、スペインに譲歩をしいられ、ライン左岸の併合地や北アメリカでうばった領土は返還し、ウィリアム三世の王位の承認も約束させられた。ルイ一四世の大陸へゲモニー政策の破綻はあきらかであった。

にもかかわらず、ルイ一四世は、つぎの十八世紀の幕あきとともに、スペインの継承をめざして無謀な戦争に突入し、みずから墓穴を掘ることになるのである。

いっぽう、オランダも、一七〇二年、ウィレム三世が死んでオラニエ家の血統がたえ、ふたたび都市貴族層の地方分権主義が勢いをのばしだした。国内産業の発展に力をそそがなかった中継貿易国家の欠陥が、これとともに露呈されて、国力の衰退が十八世紀にはいるとともに、目にみえてあらわれるようになっていく。

# 第Ⅰ部　資本主義的近代世界システムの形成

第一章

# 西ヨーロッパの近代的成長

## 1　近代化の偏差

### 経済の成長と社会変動

序説の3節でみたような十七世紀のヨーロッパの全般的危機は、十八世紀にはいると、ほぼ一七三〇年代を境にとおのいた。まず、一〇〜二〇年の周期で襲来した飢饉と疫病が減少する。飢饉と並行して発生、流行した疫病の脅威もうすらぐ。飢饉と疫病のために生じた大量死亡もほとんどみられなくなり、とくに幼児の死亡率が低下して、人口の規則的な増加がみられるようになった。

飢饉と疫病の減少は、農業の発達による。十八世紀のヨーロッパの気候は、しだいに温暖になったが、この好ましい条件をもとに、農法が改良され、農産物が増大し、流通の円滑化がすすめられた。穀物生産と畜産の増加、新大陸から伝来したジャガイモの栽培などによって庶民の食事が向上し、これが人口の増加を可能にした。クローバー、ウマゴヤシ、カブなど家畜の飼料の栽培によって家畜と肥料の集約的な増産をし、休閑地をローテーションにくみこむ三圃制をやめて耕地全体を合理的に輪作する**あたらしい農法の採用**は、ネーデルラント、イギリスがもっともはやく、北フランスがこれにつづいた。東ドイツやポーランド、ロシアでは、ふるい意識のままの領主の支配がつよく、農法の改良はすすまなかった。

出生児100人のうち，満10歳まで生きたものの割合。単位：%

| | 1750以前 | 1740〜90 | 1780〜1820 |
|---|---|---|---|
| イングランド | 62.4 | | 73.8 |
| フランス | 51.6 | 57.4 | 65.2 |
| スイス | 53.3 | 61.9 | 67.6 |

出典：M. Flinn. *The European Demographic System 1500~1820.*, 遅塚忠躬『ヨーロッパの革命』1981。

満十歳での生存率

イギリスや北フランスなどでは、農業改良をつうじて**富裕な農民**が成長した。かれらは、個人主義的な農業経営にむかい、農耕、放牧を共同でいとなむ村落共同体のまとまりが、しだいにくずれていった。いっぽう、繊維工業など農村工業がさかんになり、富裕な農民でその経営者になるものもあらわれ、商人を媒介とした国内や海外の市場むけの商品生産がすすんだ。産業革命にさきだってはじまったこのような工業化を、近年の学界では「**原基《プロト》的工業化**」(Proto Industrialization)という。「プロト工業化」とは、一般に、主として農村地域における工業活動の拡大をさすが、あきらかに域外の、とりわけ国際貿易市場にむかっておこなわれる生産活動であり、生産性のたかい農業が同一地域内に存在しているような場所で展開されるという特質をもっている。

こうして、十八世紀の西ヨーロッパ各国の経済は、たしかな足どりで成長した。イギリスを先頭にして各国ともしだいに**国民経済**（一国における商品経済が、ローカル性をこえて国民的な体系をもつまでに発展した経済のしくみ）が形成されていく。道路が整備されて**全国的な商品流通網が広がり**、各種の工業製品・農産物の交換が活発におこなわれていく。とくに成長がいちじるしかったのは、輸出に関連する産業であった。イギリスは、十八世紀のうちに世界貿易をおおいに飛躍させるが、イギリスとの覇権争いにやぶれたフランスも、貿易の伸長はいちじるしく、総輸出額の伸びはイギリスをうわまわるほどであった。

順調な経済成長と国民経済の形成は、あたらしい経済システムの発達をうながした。問屋制やマニュファクチュア的経営をとる、都市・農村それぞれの工業生産の内部では、資本家と賃労働者の関係が明確なかたちをとってあらわれてきた。つまり、**資本主義的な生産様式**が発展していった。また、あたらしい農法を採用した西北ヨーロッパでは、富裕な借地農民による資本主義的な農業経営が発展する。他方、農民のなかには、商品経済の波をかぶって貧窮化し、土地を失い日雇い労働者に転落するものも生じた。

このような資本主義の展開によって、社会を資本主義に適合するようにくみかえようとする動きがはじまった。その中心になったのは、工業化と資本主義的農業経営をになっていく**ブルジョワジー**であった。従来の貴族と平民という身分制は、このブルジョワジーの台頭によってゆさぶられだした。

ブルジョワジーの語はフランス語で、イギリスではミドル・クラスという言い方をする。「都市の正規の市民」というのがほんらいの意味であるが、一般には都市に住む民衆と貴族の中間の階層にあたる。土地や官職をもつ富裕市民、金融業者、商人、製造業者から、手工業の親方、小売店の店主、弁護士、医師、教師、文筆業者まで、階層的には幅広い。

ブルジョワジーは、封建的な領主貴族や都市貴族の、身分差別による重圧に対して反抗するという点で、住民の大多数をしめる民衆と共通の利害や感情をもっていた。しかし、他方、ブルジョワジーは、商工業の自由な活動と富の追求のためには旧来の共同体を解体させることも辞さなかったから、住民どうしのつよいきずなでむすばれる共同体に生活の基盤をおく民衆とは対立する関係にあった。ブルジョワジーの台頭によって社会的地位や特権をおびやかされる旧支配層は、民衆のあいだに潜在する反ブルジョワ的な感情を利用して、民衆とブルジョワジーとのあいだを裂《さ》こうとつとめた。

以上の三つの社会勢力の、相互の力関係やからみあいによって、各国の政治情勢にはさまざまの相違や変動がうまれていった。

気候が温暖化し、農業や工業が発達し、飢えと死神になやまされなくなったとき、人びとは前途に明るい未来を期待した。十七世紀におこった自然科学の大躍進は、未来への期待をさらにつよめさせた。物質生活の向上は、精神の解放と知識欲の拡大をもたらした。人間は物質的にも精神的にも進歩していくものだという、**進歩の観念**、人間社会の進歩にたいする確信が、十八世紀のヨーロッパにいきわたっていった。庶民の読み書き能力《リテラシー》の向上と書物の出版点数の増加は、このような時代の風潮を社会の底辺においてささえていたといえよう。

進歩への期待と確信は、商工業のいっそうの発展をめざすブルジョワジーのあいだに、とりわけつよかった。かれらは、現実の社会の不合理をただし、進歩を実現していく合理的思想と技術をもとめた。この期待にこたえて、一群の思想家が十八世紀のヨーロッパに登場する。かれらが説く思想を**啓**《けい》**蒙**《もう》**思想**といい、啓蒙思想は、経済・社会にあたらしい変化と成長がはじまっているのに、いぜんとして「旧制度《アンシャン・レジーム》」とよばれるふるい秩序が旧支配層によってまもられているフランスで、多彩で尖鋭なかたちをとってあらわれた。

### 絶対王政と社団国家

十六世紀から十八世紀にかけてのヨーロッパでは、国王が、中世以来の封建貴族の分散的な地域社会を打破し、国の唯一の主権者として統治権を独占的ににぎり、人民を直接支配下にくみこんで国民的統合をはかろうとする政治体制が各国に形成された。この政治体制の特色は、中央集権的な強力な官僚行政にもとづく統治にある。そこで、この政治体制は、王権の絶対的威力に着目して、**絶対王制**(Absolut Monarcy)とよばれる。

絶対王政は、封建制とことなる主権国家をうみだした点で、近代的な国家体制の端緒とみることができる。また、この絶対王政の時代には、ブルジョワジーが台頭し、近代的な社会関係への編成がえの動きがはじまっている。たしかに、絶対王政は、封建制から資本主義へと移行する過渡期にあらわれた体制であるため、封建と近代の両義的な性格をもつ。

もともとこの政治体制は、中世末期にはじまった封建制＝領主制の危機に対応した封建的再編成の過程で成立したものであった。その過程で、それ自身が最高の貴族である国王の支配が確立されたのであるから、王権の維持が封建的な社会関係の存続によってはかられるのは当然であった。それゆえ、近代ブルジョワジーが資本主義の自由な発展をさらにのぞむようになったとき、絶対王制はこの発展をはばむ桎梏《しっこく》となるのである。

絶対王制の性格をめぐっては、これまでに多くの議論・論争がある。しかし、実証的研究がすすんだ近年では、これまでとはことなった、あたらしい見方があらわれている。

中央集権的な絶対王制をささえる二大支柱として、官僚機構と常備軍の存在があげられてきた。しかし、イギリスでは、数千の中央官僚はべつとして、地方行政をあずかる治安判事は、もっぱら、在地のジェントリ層でしめられ、専門的な官僚は不在であり、集権的な官僚機構は未成熟であった。フランスには相当の官僚が存在したが、高等法院（パリ以下全国に一二カ所に設けられ、国王の勅令はここに登録されてはじめて実効をもった）以下大半の官僚は、国王から官職を買いとった「官職保有者《オフィシエ》」であり、しかもこの官職は、個人の家産として相続や譲渡の対象にさえなっていた。これらの事情から生じる弊害を克服するために、中央から諸州に地方監察官《アンタンダン》が派遣されたが、これは不評で、地方の反発をうけた。

常備軍についていえば、イギリスでは、国王はかぎられた直属の軍隊しかもたず、そのほかは、地方で臨時に徴集される民兵か貴族の私兵にすぎなかった。フランスでは、常備軍は百年戦争末期に創設されたが、やがて貴族の私兵化し、国王が頼りにするのは外国人をふくむ傭兵、というのが実情であった。強大な常備軍制度という特徴は、後発絶対主義国家という特殊性をもった、プロイセンとかロシアについていえるだけである。

官僚機構も十分にととのわず、国王の軍隊や警察力も弱体な状況のもとで、王権がとった支配（政治的結集）の方式はつぎのようであった。

すなわち、王権は王国内の種々の自立的な州、都市、村落共同体など行政の地域単位、また、ギルド、官職保有者などの職能集団など、それぞれに伝統的な権利をもつ国家の中間団体を、それらの特権を認可した法人格＝**社団**《コール》（corps）とする。これらの社団を、国王の権威のもとにタテの秩序のなかにとりこんで、全国的な政治結集体を編成したのが、絶対王制といわれる政治体制の構造の実態であった。二宮宏之「フランス絶対王政の統治構造」（『全体を見る眼と歴史家たち』所収）には、この構造についての的確な解明がみられる。

したがって、この見方によれば、近代の徴候をしめす主権国家の成立、すなわち国王に統治の最高権力が集中した最初の国民国家は、政治的凝集度のまだ低い「**社団国家**」であった。この社団国家の内部では、まえにのべたとおり、封建領主・都市貴族などの旧支配層、ブルジョワジー、農村・都市の民衆の三勢力が、それぞれの利害にたって対立・連合の関係をつくっていた。その三勢力の統合者が、初期国民国家の統一のシンボルたる国王であったわけである。

自生的に成立したこの社団国家は、経済発展度に応じた、また、各国の歴史的条件に規定された三勢力の力関係の変動をともないつつ、国民的凝集性の偏差をうみながら、おなじ時代にヨコに並存した。そして、近代世界システムの中心を占める西北ヨーロッパにおいて誕生したこの社団国家は、網状に拡大されていく資本主義的世界体制のもとで、経済覇権をはげしくきそいあうのである。

### 重商主義

人間の商業活動は古代より連綿とつづいている。ヨーロッパの中世においては、その活動拠点は都市におかれていた。しかし、国王主権のもとでの国家的統合がはじまると、あらゆる経済活動が**国家の枠組みですすめられる**ようになった。まず、ポルトガル、スペイン両国がいわゆる「大航海時代」をきりひらき、「**十六世紀の商業革命**」(インド航路、アメリカ大陸の「発見」によって、世界商業の幹線が地中海・中東をむすぶものからインド洋・大西洋にうつり、ヨーロッパの商業活動をいっきょに世界に拡大させたことをいう)によって莫大な富を王室に吸収した。とくにスペインは、植民地化したアメリカ大陸から大量の金銀をはこび、十七世紀なかばまでに、ヨーロッパが保有する金銀の量を三倍にしたという。

ちょうどこの時期に成立する絶対王政国家では、中央集権的な機構の維持と強化、対外戦争のために、多額の貨幣を必要としたから、どこでも商業重視の政策をとった。まず、最初は「**重金主義**」(Bullionism)という、国富は他国の犠牲においてのみえられる貨幣の量ではかられる、との考えにたって、貴金属の蓄積に熱中した。しかし、ひたすら重金主義にはしり、国内産業(とくに毛織物工業)の育成につとめなかったスペインは、やがて没落する。そのスペインから独立したオランダは、商業立国を国是《こくぜ》とした寡頭大商人集団の指導する**中継貿易国家**として、十七世紀末までに強力な商業覇権を確立した。オランダは、明白な商業重視国家《マーカンタイル》であるが、**自由貿易政策**をとり、政府の介入・統制は必要としなかった。

絶対王制の経済政策とされる「**重商主義**」(Mercantilism)は、国王の財政上の必要から、国内の商工業の保護育成につとめ、輸出の奨励、輸入の制限など、経済・貿易活動に国家が介入するものであった。イギリス、フランスなどオランダの周辺にあった絶対王政国家は、オランダの強力な商業覇権に対抗して経済自立を達成する必要から、この重商主義国家政策をとったのである。ここに、**西北ヨーロッパを中心とした重商主義的な国際政治システム**が形成されていく。

イギリスの重商主義の力点は、東アジアでオランダとの商業戦を展開する東インド会社の重役トマス・マンが主張したように、貿易差額による国富の増大をめざすことと、そのための国内工業の育成にあった。また、海外に自国の従属地域を広げ、そこを自国むけの原料生産地ならびに自国工業製品の市場とする、植民地政策に重点がおかれていた。イギリスのこのような重商主義は、絶対王制の時代よりも、むしろ十七世紀の二度の革命で議会主権の国家になってから、本格的に展開されていった。これを**議会的重商主義**という。

フランスの重商主義は、オランダやイギリスとの国際競争に対応して、もっぱら、王室の監督・統制による輸出むけの特権的工業を育成することにあった。十七世紀後半、ルイ一四世の財務総監コルベールが強力にすすめたこの重商主義は、「コルベール主義」(Colbertism)といわれるが、これは、王立マニュファクチュアの設立と資金援助、関税制度の改善、東インド会社の再建などの経済政策にとどまらず、海軍の増強や文芸の奨励など、広範な国力増強政策であった。

世界商業の覇者オランダは、既述のとおり、十七世紀後半、イギリスの公布した航海法を契機に、三回にわたるイギリスとの戦争に敗北して大打撃をうけた。重商主義時代の世界商業争覇戦は、十八世紀にはいると、イギリスとフランスのあいだで植民地を舞台として数次にわたってくりかえされた。

## 2 イギリス・フランスの成熟と対抗

### イギリス名誉革命体制

名誉革命をへたイギリスは、議会主権体制のもとで十八世紀をむかえた。議会は、一六八九年から一七〇一年にかけて軍隊の規律をさだめる「軍罰法」、カトリック、ユダヤ教徒をのぞく非国教徒に事実上の信仰の自由をみとめた「寛容法」などの諸法令を制定し、王権の制肘《せいちゅう》をはかった。一七〇一年の王位継承法(Act of Settelment)は、新教徒のみが王位につくことをさだめ、追放したジェームズ二世(在位一六八五〜八八)とその子孫の復位を不可能にした。しかし、国王には、議会の召集・解散権や大臣任免権など各種の国王大権がのこされ、ウィリアム三世(在位一六八九〜一七〇二)が閣議を主宰し、閣僚は連帯責任をもたず、しばらくは、宮廷が行政府にたいして優越していた。

ウィリアム三世は即位後まもなく対仏戦争にまきこまれたが、戦争が長びくにつれ国内に厭戦気分が広がり、一六九八年の選挙で、平和派のトーリー党が圧勝、王の意にそまぬトーリー党内閣が成立した。一七〇二年ウィリアムの死後、前年に制定された王位継承法にしたがい、ジェームズ二世の王女で国教徒のアン王女(在位一七〇二〜一四)が即位した。前年からのスペイン継承戦争でマールバラ公ジョン・チャーチルが名声をあげ、主戦派のホイッグ党が単独内閣をくんだ。このチャーチルは二十世紀の大政治家ウィンストン・チャーチルの祖先である。

また、アン女王の即位後、十七世紀はじめ以来同君連合の関係にあったスコットランドとのあいだで合同の気運がたかまり、イングランドの上下両院にスコットランド議員を選出する合意がなって、一七〇七年、両国は正式に合同して「**グレート・ブリテン連合王国**」となった。ただし、長老派教会制度や法制など、スコットランド固有のしくみは、従来どおり維持された。

一七一三年、スペイン継承戦争はおわり、ユトレヒト条約で、イギリスはスペインから地中海の拠点ジブラルタルとミノルカをえたうえ、北アメリカのニューファンドランド、ノヴァスコシア、ハドソン湾地方をも獲得した。あわせて、スペイン植民地への黒人奴隷供給権（アシエント）を手にいれた。ホイッグ党を好まないアン女王は、戦争末期の一七一〇年、トーリー党内閣をつくったが、一七一四年後継者もなく没した。かわって、遠縁にあたるドイツのハノーヴァー選帝侯（新教徒）が、ジョージ一世（在位一七一四〜二七）として即位し、ここに**ハノーヴァー朝**がひらかれた。イギリスの現王室ウィンザー朝は、一九一七年にハノーヴァー朝を改称したものである。

すでに五十四歳のジョージ一世は、英語を知らず、学ばず、閣議にも出席せず、国政は議会の決定にまかせた。その結果、内閣と議会の権威はつよまり、ホイッグ党が優勢となり、一七二一年大蔵大臣に任命された**ウォルポール**が、つぎのジョージ二世（在位一七二七〜六〇）の時代にかけて二一年間事実上の首相として活動した。ウォルポールは、平和外交の方針をとって政権を安定させたが、オーストリア継承戦争にまきこまれて下院の多数の信任を失うと、国王の信任をえていたにもかかわらず辞職した。これは、**内閣は議会に責任をおうという、議院内閣制**の先例となった。

その後、議会では、トーリー党で対外強硬政策を主張する**ウィリアム・ピット(大ピット)**が人気をあつめた。彼は、ウォルポール以来の平和外交を攻撃して一七五六年首相をたすけ、フランスとの七年戦争に突入した。翌年、ニューカースルと連合政権をくみ、アメリカ、インドで戦いを有利にすすめ、一七六三年のパリ条約で、フランスからカナダと、ミシシッピ川以東のルイジアナを、また、スペインからも北アメリカのフロリダ半島を獲得、インドからはフランス勢力を駆逐して植民帝国の基礎を確立した。

七年戦争末期の一七六〇年に即位したジョージ三世(在位一七六〇〜一八二〇)は、父のジョージ二世とはちがって、イギリスにうまれ育った国王であり、内閣操縦と議会軽視の専制的な政治をとった。また、植民地のアメリカやアイルランドにたいしても抑圧政策でのぞんだ。そのため、六〇年の長い治世をつうじて不評であり、とくに植民地では、アメリカ十三植民地の独立、アイルランドの自治運動をまねくにいたった。

## スクワイアラーキー下の社会経済

世界史上もっともはやく、自生的に産業革命を開始するイギリスは、その前提となる国内的諸条件を、十八世紀後半までに成熟させていった。その根底となったのは農業の発達である。

十七世紀に上昇した穀物価格は、十八世紀にはいると低落をつづけた。これは、人口の伸び悩みによる需要の低迷に起因するが、そのため、中小自作農のなかに土地を手放すものが増大した。それらの土地を購入した大地主は、一七二〇年代以降、新農法の導入や囲いこみ、農道・納屋の建設、排水・灌漑施設の整備など、各種の農業投資など積極的な農業経営にのりだした。これとともに、イギリス固有の地主(land lord)、借地農業経営者＝農業資本家(tenant farmer)、農業労働者(agricultural labor)で構成される、資本主義的農業の三分制度が進展した。

需要の低迷と新農法による生産増加によってうまれた農産物の余剰は、大地主に有利な「穀物輸出奨励法」にたすけられて海外に輸出され、十八世紀前半のイギリスは、穀物輸出国になった。いっぽう、長期的な農産物価格の低迷は中小自作農には不利であったが、国民の大半をしめる低所得者には有利に作用した。人口の停滞による労働人口の減少もあって、実質賃金が上昇し、消費者の家計にゆとりをもたらした。家畜数がふえて価格が安定していた食肉、バター、チーズなどにたいする需要が増大した。そのほか、紅茶、砂糖、タバコなど海外から輸入されるあたらしい嗜好品が大衆のあいだに広がり、消費革命現象が発生した。国内消費用の砂糖の輸入量についてみれば、一七〇〇年には年間約一万五〇〇〇トンだったが、一七三〇年代には二倍、一七五〇年代なかばには三倍ちかくに増加した。なおこの時期の輸出入貿易の飛躍的発展を「イギリス商業革命」とよんでいる。

このような消費水準の向上は、衣料部門にもおよんだ。伝統的な毛織物のほか、絹織物、綿織物（キャリコ）、麻織物の需要がふえて繊維工業の発展を刺激した。キャリコの使用が大衆化すると、毛織物ならびに絹織物業界は発展を妨害されるとして、一七〇〇年、議会立法によりインドからのキャリコの輸入を禁止し、一七二〇年には、法律でその着用を禁じさえした。しかし綿織物は、国内だけでなく西アフリカへの輸出品としてますます期待され、十八世紀後半にはじまる産業革命の起爆力となった。

このほか、社会的日常的需要にこたえて金属加工業や陶器業なども発達した。繊維工業はヨークシャーとランカシャー、金属加工業はミッドランズ、農業は東部・中部諸州というように、特定地域に集中する傾向があらわれ、この社会的分業をつなぐ交通手段が急速に改善された。たとえば一七〇〇〜一七五〇年のあいだに四六の河川改修法が公布されたが、そのほとんどが一七二〇〜四〇年に集中している。この結果、商品の取引、流通が恒常化し、全国的な商業機構が形成され、都市・農村に、定期市にかわって店舗が常設されるようになった。

グレゴリー・キングが一六九〇年代に作成した人口統計表によると、当時のイギリスは、貴族、ジェントリ、商人、法律家から手工業者までの上・中流階層の五一万家族、二六八万人と、下級船員、兵士、小屋住農、労働者、奉公人など下層民衆八五万家族、二八三万人とに二分されていた。名誉革命以降のイギリス国家をささえた階層は前者であり、かれらが構成した社会が、「**民間公共社会**《シヴィル・ソサイエティ》」（civil society）であった。このうち、**中央の内閣や議会、地方政治を独占していたのは、大地主の貴族とジェントリ**であり、発展する経済によって台頭する大商人は、その同盟者の位置にあった。製造業者や中小商人は、さらにその下位にあり、大地主と大商人の勢力に従属していた。十八世紀のこのような体制を、「地主支配体制《スクワイアラーキー》」(squirearchy)という。この支配体制がくずれるのは、一八七〇年代に入り資本主義的大農場経営が後退し、ふたたび自作農主体の農業に変わってからである。

下層民衆は、シヴィル・ソサイエティの構成員とはみなされず、政治世界から排除された。十八世紀のなかごろ、イングランドの州選挙区は四〇、都市選挙区は二〇三に分かれていたが、下層民衆は、選挙とはいっさい無縁であった。家計にゆとりが生じる時代になったとはいえ、生活困窮がなくなったわけではないから、産業革命前夜の食糧不足や業者の食糧隠匿、生活慣習の破壊などにさいしては、民衆はしばしば暴動・蜂起をおこした。

以上のように、十八世紀のイギリスは、他国にさきがけて**立憲政治形態をとる議会主権国家**となった。これを、「名誉革命体制」とよぶが、その内実は、土地貴族がヘゲモニーをもち、商人ブルジョワと共生する地主支配体制にほかならず、国民の大半をしめる民衆は政治から疎外された。このような体制のもとで、積極的な重商主義政策が展開され、フランスとの抗争と勝利により、**植民帝国国家としての基礎が強化**された。

## フランスの絶対王制

フランスの絶対王制は、十八世紀をむかえたとき、ルイ一四世(在位一六四三〜一七一五)の親政がなおつづいていたが、すでにその盛期はおわろうとしていた。一六六五年に起用したコルベールによる重商主義は、不況のなかでオランダ、イギリスとの国際競争にうちかつための、富国強兵政策であり、これを遂行するための**中央集権的官僚機構が強化**された。また、陸軍大臣ルヴォワの軍制改革により、四〇万(一七〇三年当時)にのぼる大陸軍がつくられ、この兵力をもってスペイン侵略(一六六二年)、つづいてスペインをたすけたオランダとのオランダ戦争(一六七二〜七八年)をおこなった。オランダは、堤防をきり抵抗した。フランスは、ナイメーヘンの和約でフランシュ・コンテ地方といくつかの都市をえたが、コルベールのさだめた高率関税は、オランダの要求により引き下げざるをえなかった。

コルベールの海外発展の構想は成果をみず、彼の死後、ルイ一四世は、自然国境論を膨張の口実として大陸制圧政策に転じた。一六八八年、嗣子なく没したファルツ選帝侯の継承権を要求して、西南ドイツのファルツに侵入、これにたいして、同年の名誉革命でイギリス国王となったオランダのオラニエ公ウィレム(ウィリアム三世)は、オーストリア、ドイツ諸侯、スペイン、スウェーデンなどと大同盟をむすび、フランスと一〇年にわたり戦った。フランスは、陸上ではいくつかの勝利をえたが、海上でやぶれ、一六九七年ライスワイクの和約により、アルザスの占領地の領有をみとめられたにすぎなかった。

ルイ一四世の親政五四年のうち、三二年も戦時下にあったフランスの**国家財政は、つねに赤字**にあえぎ、戦争と豪奢な宮廷生活のための各種の課税は、国民を苦しめた。にもかかわらず、ルイは、十八世紀にはいるとただちに、スペイン継承戦争をひきおこした。

病弱のスペイン王カルロス二世(在位一六六五~一七〇〇)が、一七〇〇年嗣子なく没し、遺言により義兄ルイ一四世の孫フィリップが即位した(フェリペ五世)。これを、ヨーロッパの勢力均衡の破壊とみたイギリスのウィリアム三世は、カルロスの義弟のオーストリア皇帝レオポルト一世(在位一六五八~一七〇五)およびオランダとむすんで一七〇一年開戦し、スペイン継承戦争(一七〇一~一四年)となった。同盟軍はフランスをおおいに苦しめたが、一七一〇年代になると事情は一変する。イギリスは、和平派のトーリー党内閣が登場して戦争に消極的になり、オーストリア皇帝ヨーゼフ一世(在位一七〇五~一一)も急死し、フェリペの対立候補であったカールが即位、オーストリア・ハプスブルク家のスペイン支配が警戒されるにいたった。その結果、一七一三年、ユトレヒト条約が成立し、フランスとスペインが合併しないことを条件に、フェリペ五世をスペイン王とすることをみとめた。だが、フランス、スペインは海外領土をイギリスにうばわれ、経済的にも大きな損失となった。

ルイ一四世は、一六八二年から、ほぼ完成した**ヴェルサイユ宮殿**に宮廷を移した。宮殿は、権力を集中した太陽王の名にふさわしく豪華壮大であり、年金を支給される貴族たちは、ヴェルサイユにはせさんじて王の御機嫌うかがいにあけくれた。王は、妃マリア・テレサ以外にも寵姫をかかえ、とくに、カトリック信仰のあついマントノン侯爵夫人からは、宗教面・政治面でも大きな影響をうけた。王が王国をカトリック単一にしようとし、一六八五年ナントの勅令を廃止して、二〇万のユグノーを国外に追放したのも、このマントノン侯爵夫人の影響があったといわれる。スペイン継承戦争の末期、皇太子とその子が痘瘡《とうそう》とはしかがもとであいついで死に、ブルボン王家はルイ一四世の曽孫にうけつがれることになった。落胆した王の体力は急速におとろえ、一七一五年九月、急性壊疽《えそ》のため死去した。民衆は、酒場で祝杯をあげてこの死を喜んだ。

ルイ一四世の死後、わずか五歳のアンジュー公ルイがルイ一五世(在位一七一五~七四年)として即位、八年間は、先王の甥のオルレアン公フィリップが摂政をつとめた。公の自由放逸な性格とルイ一四世時代の反動とがかさなって、いちじ国内には開放的な空気がうまれた。しかし、財政危機の難問はなにも解決されないままに王は成年にたっし、摂政時代はおわった。

ルイ一五世は、一七二六年、フルリ枢機卿を宰相とし一七年間国政をとらせたあと親政を宣言した。財政総監デマレや大臣ショワズールらは、租税負担の平等と経済活動の自由化によって、財政危機の打開をはかろうとしたが、免税などの特権をまもろうとする貴族は、高等法院を拠点にはげしく反対し、この政策を流産させた。親政とは名ばかりで、王は政務を大臣と寵姫にまかせ、みずからは狩猟と逸楽に興じた。寵姫のポンパドゥール夫人は、大臣の任免や軍事・外交問題にまで介入し、国政を左右する実権をにぎった。

ルイ一五世の治世の前半は、平和外交がとられたが、やがてルイ一四世の膨張路線が再開されて国際戦争にまきこまれた。一七四〇年、プロイセンと同盟してオーストリア継承戦争(一七四〇～四八年)に参戦、その八年後、プロイセンへの復讐をはかるオーストリアの外交に応じて、二世紀にわたる宿敵ハプスブルク家との同盟をむすび、七年戦争(一七五六～六三年)に突入した。両戦争とも、フランスは、アメリカとインドでイギリスと戦った。オーストリア継承戦争では勝敗が決しなかったが、七年戦争では、全力を海上と植民地の戦争に投じたイギリスが優勢で、フランスは、一七六三年のパリ条約で手痛い植民地領土の割譲をしいられた。

オーストリアとの結合はその後もつづき、一七七〇年、王の孫ルイに、マリア・テレジア女帝(在位一七四〇～八〇)の第九子マリ・アントワネットを妃としてむかえた。このルイが、四年後痘瘡で死んだ祖父ルイ一五世にかわって即位し、ルイ一六世(在位一七七四～九三)となる。すでにフランス社会の地底では、大きなマグマの活動がはじまりだしていた。

## 十八世紀フランスの社会経済

十八世紀のフランスの社会経済は、全体的には発展期にはいっていた。摂政オルレアン公は、ルイ一四世時代末期以来の、深刻な経済危機の克服のために、スコットランド生まれの銀行家ジョン・ロ

単位：%

| | | 1716 | 1755 | 1788 |
|---|---|---|---|---|
| 輸入 | 原材料 | 31.3 | 50.1 | 34.3 |
| | 食料 | 46.3 | 37.2 | 49.2 |
| | (うち植民地物産)* | (18.0) | (21.9) | (33.0) |
| | 工業製品 | 16.4 | 12.0 | 16.1 |
| | (うち繊維製品) | (11.4) | (6.6) | (13.0) |
| | その他 | 6.0 | 0.7 | 0.4 |
| | 合計 | 100.0 | 100.0 | 100.0 |
| | | 1716 | 1755 | 1788 |
| 輸出 | 原材料 | 5.7 | 10.2 | 10.3 |
| | 食料 | 50.2 | 34.9 | 55.1 |
| | (うち植民地物産)** | (15.3) | (16.8) | (31.1) |
| | 工業製品 | 36.8 | 52.5 | 33.7 |
| | (うち繊維製品) | (29.7) | (40.7) | (25.5) |
| | その他 | 7.3 | 2.3 | 0.9 |
| | 合計 | 100.0 | 100.0 | 100.0 |

*1755年と88年については砂糖とコーヒーのみ。

**1716年については食料以外にわずかのインディゴを含み，55・88年は砂糖とコーヒーのみ。

出典：服部春彦「18世紀におけるフランス対外貿易の展開過程」京大文学部『研究紀要』19，1979。

18世紀フランスの貿易構造

ーを起用した。ローは、中央発券銀行を設立(一七一八年王立銀行)、銀行券を発行して貨幣不足を解消し、経済活動を活性化した。財政の赤字については、国の債務は銀行券を発行して償還し、その銀行券はインド会社への株式投資を誘って回収しよう、という案をたてた。これが空前の株式ブームをよんだが、一七二〇年はじめ、インド会社の不振によって株価は暴落、銀行券は市中にあふれて大インフレーションとなった。

ローは失脚し、財務総監はドダンにかわり、ローとは正反対の流通通貨量の縮小政策をとった。これは、生産活動を不振にしたが、利子率は上昇して、金融業者をうるおした。この状況に、商工業者や労働者の非難がたかまり、ドダンも失脚した。このあと、一七二六年、政府は通貨改革を実施し、一エキュ銀貨を六リーヴルに固定した。この改革は成功して、その後第一次世界大戦までの二〇〇年間、フランスの通貨は安定した。この通貨の安定により、農産物価格の振幅も減少して安定し、じょじょに上昇にむかった。

十八世紀の三〇年代から、フランスの経済も、イギリスとおなじように成長期にはいった。農村では、穀物生産ならびに畜産が増大し、都市のギルド規制からのがれた手工業者たちの手で農村工業が勃興した。北フランスのノルマンディ地方などでの、羊毛、木綿、亜麻などの繊維工業、リヨンの絹織物業、大西洋沿岸の製糖業、アルザス、ロレーヌなどの金属工業など、多種多彩となった。その経営は、おもに、問屋が原料、用具を貸与し、生産者に工賃をはらう**「問屋制マニュファクチュア」**(あるいは分散マニュファクチュア)で、商人と製造業者をかねた問屋が、当時のフランスの産業ブルジョワジーであった。

もともと、イギリスにくらべれば相対的に**後進国であったフランス**では、オランダ、イギリスとのはげしい国際戦争に勝とうとして、コルベール主義がとった、上からの輸出むけ高級品生産の保護育成におされて、内需むけ農村工業の自由な発展がはばまれてきた。さらに、領主や絶対王制の経済規制がなおつよく、都市・農村の上層ブルジョワジーには、むしろ、こうしたふるい社会秩序に寄生して資産をふやそうとするものもあって、**産業資本家階層の自立性はよわかった**。

こうして、フランスには、同時代のイギリスのような国民的な規模での産業発展がみられないため、農村には相当な数の零細農民が滞留し、都市の手工業者は貧窮化しつつ存続した。国内に浮浪者が増

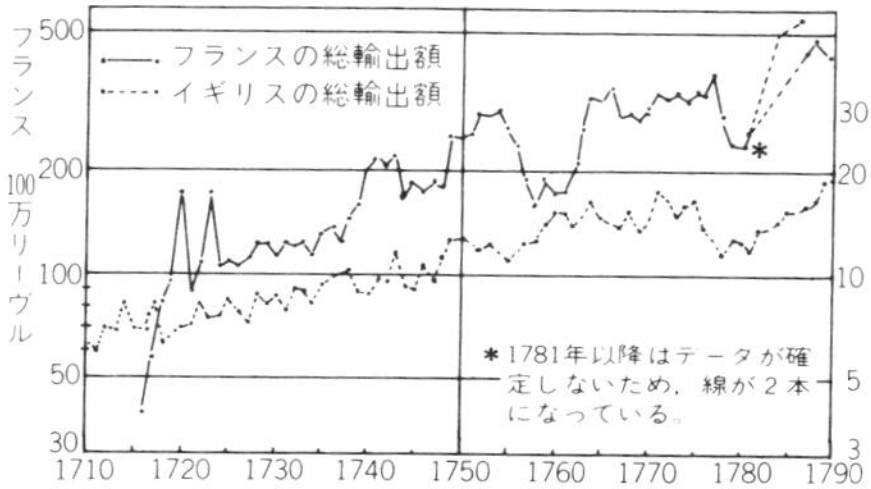


出典：F. Crouzet, Angleterre et France au XVIII[e] siècle, *Annales, E.S.C.*, 1966. 遅塚前掲書。

イギリスとフランスの総輸出額の推移

大し、毎年七〇〇〇人をこえるパリの捨子が発生したのも、このようなフランス社会の現実のためである。

　海外貿易についてみると、十八世紀フランスの総輸出額はイギリスを大きくうわまわっていた。中東との貿易も順調に発展していた。しかし、個別的にみると、ヨーロッパ諸国との貿易は、輸出の増加より輸入の増加がはるかに伸びており、その輸出品も、砂糖、コーヒーなど植民地の西インド諸島からの輸入品をそのままの再輸出か、加工した輸出品であった。さらに、イギリスが、毛織物など工業品のアメリカ植民地への輸出を激増させたのにたいして、フランスの場合は、アメリカの植民地は、自国製品の輸出市場としての意味をほとんどもたなかったようである。スペイン継承戦争、七年戦争などイギリスとの抗争に敗退してアメリカの植民地を失ったことは、フランス経済の資本主義化のブレーキになった。

## 3　南ヨーロッパの進展

### スペインの新展開

フェリペ四世のあとをついだカルロス二世は、生涯病弱で、王位継承者がなく、フランスとオーストリアにその王位をねらわれ、ルイ一四世の外交攻勢に屈して、カルロスは、ルイの孫アンジュー公フィリップを後継者にさだめて死んだ。フィリップは、一七〇〇年十一月、**フェリペ五世**(在位一七〇〇〜四六)として即位し、スペイン・ブルボン朝をひらいた。これにたいして、イギリス、オランダ、オーストリアが**対仏大同盟**を結成し、すでにのべたとおり、フランス、スペインと**スペイン継承戦争**(一七〇一〜一三、一七一四年)をひきおこした。

この戦争は、ハプスブルク朝対ブルボン朝という王朝戦争の性格をもつと同時に、イギリス・オランダ対フランス・スペインの国際商業戦争でもあり、戦場はスペインのみならず、イタリア、フランドル、アメリカに拡大された。また、カタルーニャは、一七〇五年、伝統的地方主義と反ブルボン的意識にたち、ルション地方の回復も期待してまたも反乱をおこした。カタルーニャの抵抗は継承戦争中もつづけられ、一七一三年、ユトレヒト条約でフェリペ五世が承認されたあと、翌年、フェリペ五世のバルセロナ攻撃によってようやく鎮圧された。

スペイン継承戦争はスペインに大きな犠牲をしいたが、他方では、王権による絶対主義的統一と改革をうながす機会となった。バレンシア、アラゴン、カタルーニャなど旧アラゴン連合王国内の自治特権や法秩序は、戦争中に廃止されたし、中央・地方の統治機構は、戦後、フランスにならって整備され、王権の統一的な支配が末端にまでおよぶようになった。全国的な統一税制にまではいたらなかったが、税制改革もこころみられた。国内関税の撤廃は、ナバラとバスクをのぞいて実現した(一七一七年)。また、経済政策も、コルベール主義にならった重商主義がとられ、政府は、産業の発展をはかって、奢侈工業や織物業などに王立マニュファクチュアや特権マニュファクチュアを設立した。さらに、十八世紀の後半からは経済自由主義がすすめられた。

継承戦争後、自治権をうばわれたカタルーニャ、バレンシアで、毛織物工業および新興の綿織物工業が急速な発展をとげだした。これは、カルロス三世(在位一七五九〜八八)のときに、アンダルシアの新大陸貿易独占体制が廃されて、貿易の自由化が認められたことにも影響されており、バルセロナをはじめ半島周縁部の商工業都市が、内陸部をしのいで活況をしめすようになった。また、農業改革も着手されたが、これはほとんど成果をみず、貴族、大地主や教会の壁はあつく、農民の生活は領主権の収奪にさらされつづけた。

## イタリアの政治地図

**ハプスブルク朝・スペインの支配が広範囲におよんでいたイタリア**は、反ハプスブルク外交をすすめるルイ一四世の好餌《こうじ》となった。スペインが支配するシチリア島のメッシナにおきた反乱にさいしての支援軍派遣(一六七四年)、親スペインのジェノヴァにたいするフランス艦隊の砲撃(一六八四年)など、軍事的牽制をこころみた。つづくスペイン継承戦争では、スペインにブルボン朝を確立させたが、そのひきかえに、ナポリ王国、ミラノ公領、サルデーニャ島をハプスブルク朝・オーストリアにゆずった。このとき、対仏大同盟側についたサヴォイア公国には、シチリア領有と王号を称することがみとめられたが、七年後にオーストリアの要求でシチリアをサルデーニャと交換させられた。

イタリアが、ヨーロッパ諸国家間の「均衡政治《バランス・オブ・パワー》」のための、外交取引の材料となる状況はその後もつづいた。スペインはサルデーニャ、シチリア両島の奪回をはかったが、一七二〇年のハーグ協定でこれらを放棄するかわりに、北イタリアのパルマとピアチェンツァ公領、および、予定されるメディチ家断絶後のトスカナ大公国を領有することになった。フランスとオーストリアが対立したポーランド継承戦争では、イタリアが戦場となり、一七三五年、ウィーンの和約で、スペイン領となっていたパルマなど北イタリアの諸公領をオーストリアにゆずるかわりに、ナポリとシチリアを回復した。また、スペインが領有するはずのトスカナ大公国(一七三七年メディチ家は断絶)は、オーストリア皇女マリア・テレジアの夫ロートリンゲン(ロレーヌ)公フランツ・シュテファンに移譲された。

この和約によりロンバルディア地方に領土を広げたサヴォイア公(サルデーニャ王)カルロ・エマヌエーレ三世は、つぎのオーストリア継承戦争のさい、マリア・テレジアの領土割譲の約束をえてオーストリア側につき、一七四八年、アーヘンの和約でロンバルディアにさらに領土を拡大した。なお、この和約では、スペインは、さきにオーストリアにゆずったピアチェンツァ公領などを回復した。

このように、わずか数十年のあいだに、イタリアのいくつかの国はその支配者がなんどもかわり、かつてのままの統治をたもったのは、わずかにモデナ公国、ヴェネツィア、ジェノヴァ、ルッカの各共和国、サヴォイア家のピエモンテと教皇国家のみであった。ただし、アーヘンの和約で最終的にさだまった十八世紀イタリアの政治地図は、その後、ナポレオンの侵入まで修正されることなく、半世紀にわたる平和が維持されることになった。

この十八世紀の後半、イタリアのオーストリア領やスペイン領の国ぐにでは、外国人である啓蒙専制君主によってさまざまの改革がすすめられた。それらの改革にほぼ共通する内容をみると、行政制度・税制の改革、ギルドの廃止と商取引の自由化、道路建設・干拓事業など公共事業の推進、領主裁判権の抑制、宗教裁判の廃止、修道院の廃止と財産没収、聖職者の特権削減、教育の振興と文化・芸術の保護・奨励(ミラノが誇るスカラ座は、一七七八年に落成)など多面にわたり、とくに画期的なことに、トスカナ大公国では死刑と拷問が廃止された。これらはみな、旧君主によっては実行されえなかった改革事業であった。

これにたいして、支配者が交替しなかった、ふるい統治形態のままの国ぐにでは、改革はほとんどみられなかった。とくに教皇国家は、教皇の国際的権威が地におち、無能な教皇や聖職者による政治が災《わざわ》いして、慢性的な財政危機に苦しみ、人民にたいする苛酷な悪政がつづいた。中部イタリアに広大な領域をしめる教皇国家は、こうして、イタリアでもっとも荒廃した貧困な後進地方となった。

**ジェノヴァ**では、サン・ジョルジョ財団という少数の大富豪貴族の財閥に、国政が牛耳《ぎゅうじ》られ、植民地コルシカにたいする苛酷な搾取がつづいた。憤激したコルシカ島民は、独立の反乱をおこし、一七五五年には、オーストリアやイギリスの援助もうけて、独立闘争の指導者パスクアーレ・ディ・パオリを大統領とする**立憲共和制を樹立**した。ルソーは、このコルシカの独立闘争に共感し、『社会契約論』のなかでコルシカへの期待を語っている。反乱の鎮圧に失敗したジェノヴァは、一七六八年、コルシカ島をフランスに売却した。

**ヴェネツィア**も、大商人貴族による寡頭政治の硬直化がすすみ、政府の合議機関、とくに大評議会《マジョール・コンシーリオ》は形骸化していった。本土領の発展にも意をもちいず、行政の合理化もなされないため、領土的な統一はうまれなかった。本土領で繊維産業や兵器産業をおこしていたフリウリ、ペルガモ、ブレッシァなどは、その経済活動をオーストリアやロンバルディア地方にむすびつけ、ヴェネツィア国家の遠心的な傾向をつよめていった。

かつてはイタリア諸国のうちでもっとも後進的であったサヴォイア家のピエモンテは、十八世紀前半の複雑な国際外交・軍事の展開に積極的にかかわって、利益をひきだしたイタリアで唯一の国であるが、国内では、フランスにならった中央・地方の統治機構の改革をすすめ、絶対王政を確立した。首都トリノは、王国にふさわしく整備され、あたらしい道路や運河が建設された。貴族は、特権をよわめられて国家に忠実な官僚に転身し、台頭するブルジョワとともに、絶対王制のシステムに吸収されていった。しかし、世紀後半になると、ピエモンテは、ミラノ、トスカナ大公国、ナポリなどの改革運動に逆行して、頑迷な保守主義がつよまり、啓蒙なき専制政治におおわれる国となった。

第二章

# 中・東ヨーロッパの国家統合

## 1　ドイツとロシアの絶対主義

### プロイセンの台頭とハプスブルク家

十二世紀からエルベ川以東の地に建てられたブランデンブルク侯国と十三世紀以来ドイツ騎士団が原住プロイセン人を征服して建てたプロイセン公国が一六一八年合同してできた国家**プロイセン**は、フリードリヒ三世(在位一六八八〜一七一三)のときから、**ベルリン**が首都となり、スペイン継承戦争で神聖ローマ皇帝を支援する代償として、プロイセン王の称号をとることを皇帝よりゆるされた(プロイセン王としてはフリードリヒ一世)。王は父のフリードリヒ・ヴィルヘルム(大選帝侯)ほどの政治的手腕はなかったが、ハレ大学やベルリン科学アカデミーの創立など学芸の奨励には力をいれた。

つぎのフリードリヒ・ヴィルヘルム一世(在位一七一三〜四〇)は、プロイセンの**軍国主義化**を徹底的にすすめた。一七三三年、全国に徴兵区《カントン》を設けて、農民を強制的に兵士として徴募した。この結果、兵力は三万八〇〇〇から七万二〇〇〇に増強された。世人は王のことを「軍人王」のあだ名でよんだ。また、軍隊の将校団には貴族の子弟が送りこまれ、領主と農民の支配・従属の関係がそのまま軍隊内にもちこまれた。王は中央行政機構を整備してみずから政務にはげみ、都市の自治をうばい、王室経費はきりつめても軍事費に投入した。しかもなお、王の治世がおわったとき、一〇〇〇万ターレル以上のたくわえを国庫にのこした。慢性赤字にあえいでいた同時代のフランスとは、雲泥《うんでい》の差がある。

伝統的に神聖ローマ皇帝となるハプスブルク家が支配していた**オーストリア**は、十七世紀の後半、従来のシュレージエン、ベーメン(現在のチェコ)にくわえ、トルコの攻勢をしりぞけてハンガリーを奪回し領土とした。また、カール六世(在位一七一一~四〇)は、十八世紀初頭、スペイン継承戦争によってスペイン領ネーデルラントおよびスペインの属領となっていたイタリアのミラノ、ナポリ、サルデーニャを獲得した。この結果、所領は分散し、また、非ドイツ系民族が領土のなかに増大して、絶対主義的な国家統合は、プロイセンよりもいっそう困難になった。とくに、ハンガリーの民族的抵抗は根づよく、そのため、ハンガリー貴族の特権を保障してかれらを味方にし、抵抗を分断した。

カール六世は、この分散した領土が自分の死後分割されることをおそれ、一七一三年「継承令《プラグマティッシェ・ザンクチオン》」をさだめ、ハプスブルク家領は分割してはならないこと、継承権はカールの子に優先権があることを決めた。この継承令は、帝国内の諸領邦君主の承認をえるために、一七二四年に公示され、また、種々の譲歩とひきかえに国際的な承認もえようとした。これに同意しなかったザクセン選帝侯にたいしては、ポーランドの王位を確保する約束で承認させ、そのことで衝突したフランス(ルイ一五世)には、ミラノをのぞくイタリアの所領とロートリンゲン(ロレーヌ)をゆずった。

国内では、重商主義政策がとられ、産業の育成がはかられたが、成果があがらず、商工業はイギリス、オランダなどの外国資本に従属するありさまであった。また、領主貴族(グーツヘル)をプロイセンのようにたくみにおさえこむことにも成功しなかったため、ハプスブルク帝国は、この**領主貴族**や**ハンガリー貴族と妥協しながら権力維持をはかる**ほかなかった。このような状況のなかで、継承権の確保に心をくだいたカール六世が一七四〇年十月死去し、二十三歳の**マリア・テレジア**が即位すると、ドイツの国内情勢はたちまち騒然となった。

### オーストリア継承戦争と七年戦争

一七四〇年即位したプロイセン王**フリードリヒ二世**(在位一七四〇〜八六)は、皇太子時代は学芸を好み、フランスの啓蒙思想に熱をいれ、父の「軍人王」フリードリヒ・ヴィルヘルム一世のはげしい叱責《しっせき》をかったほどの教養人であった。だが、ヨーロッパの国際情勢も十分研究しており、フリードリヒ二世の即位と同年にオーストリアを相続したマリア・テレジアにたいして、その継承に異議をとなえ、オーストリア領のシュレージエン州に軍隊を送って不法占領した。

バイエルン、ザクセンの両選帝侯やフランスも、これにじょうじてマリア・テレジアの相続に反対して開戦し、いわゆる**オーストリア継承戦争**は八年におよんだ。結局、一七四八年十月、アーヘンの和約で、マリア・テレジアの相続と夫フランツ一世(在位一七四五〜六五)の神聖ローマ皇帝への即位が承認されたが、人口の多い、鉱工業のさかんなシュレージエンをプロイセンに割譲したことは、大きな損失となった。

戦後、プロイセンもオーストリアも内政の改革につとめたが、とくにマリア・テレジアはシュレージエンの奪回にもえ、宰相に抜擢したカウニッツの策をいれてザクセン、ロシア、フランスと同盟をむすび、プロイセン包囲網を形成した。

一七五六年八月、フリードリヒ二世は、シュレージエン確保のために先制攻撃をしかけ、ザクセンに侵入してドレスデンを占領した。これが七年戦争の発端である。プロイセンの侵略はオーストリアに有利にはたらいた。プロイセンは、オーストリアはもちろん、フランス、ロシア、スウェーデン、ドイツ諸邦をも敵にまわす結果となり、一七五九年にはベルリンを占領され、イギリスからの軍資金援助も中絶して、フリードリヒはいちじ死を決意したほどであった。

しかし、一七六二年、ロシアの女帝エリザヴェータ(在位一七四一〜六二)が死に、フリードリヒに心酔するピョートル三世(在位一七六二)が即位してプロイセンとの同盟に転じたこと、フランスがイギリスとの植民地戦争にやぶれてドイツからも撤兵したこと、また、プロイセンの必死の反撃が功を奏したことなどにより、マリア・テレジアは、やむなく一七六三年二月、プロイセンとの講和をむすんだ(フベルトゥスブルクの和約)。こうして、オーストリアのシュレージエン喪失は確定するにいたった。

プロイセン、オーストリアの両国では、十八世紀の後半、のちにのべるように君主主導型の上からの改良政治(啓蒙専制政治)がすすめられた。十八世紀のドイツは、この両国による二元主義的対抗がいちじるしくなっていった。

## ピョートル一世の改革とロシア帝国の形成

東スラヴのモスクワ大公国から出発したロシアは、十八世紀には、東ヨーロッパの大国としての国際的地位を確保するまでに発展した。ロマノフ朝のもとで、大地主による農奴制がいっそう強化され、これに反抗したステパン・ラージンの農民一揆(一六七〇〜七一年)も鎮圧されて、ロシアの農奴制は確立された。また、ロシア流の絶対王政(ツァーリズム)は、十八世紀にはいり、**ピョートル一世**(在位一六八二〜一七二五)によって完成された。

ピョートルは十歳で即位したが、摂政となった異母姉ソフィアの野心で、イヴァン五世(ソフィアの実弟)を共同統治者にされ、実際に単独統治をはじめるのは一六九四年からである。この間、モスクワ郊外の外人居留地に出入りして技術者、軍人、商人などとも交わり、砲術、造船術などを学び、西ヨーロッパ文化への関心をふかめた。

このころロシアの関心事は、アムール川流域での中国(清朝)との衝突、対オスマン帝国問題であった。前者は、ソフィア摂政期の一六八九年、ネルチンスク条約により、アムール川流域を放棄し国境を外興安嶺とアルグン川とすることで解決した。後者は、ピョートルの親政開始後、ただちに対トルコ戦争をおこしたが失敗した。ピョートルは、この経験から、海軍の建設をいそぐいっぽう、西欧列国による対ムスリム十字軍のよびかけと、技術、制度の見聞、吸収のため、一六九七年、数百人にのぼる大使節団を編成して西ヨーロッパ諸国に派遣した。皇帝自身も、変名して一下士官として一行にくわわり、このロシア君主としてはじめての西欧旅行は、一年半におよんだ。

当時の西ヨーロッパは、すでにみたとおり、フランスとイギリス、オランダなどの対立がつづき、スペイン継承戦争の前夜にあった。イギリス側は、親フランス的なオスマン帝国を東方で牽制するうえでは、トルコ―ロシア間の緊張はむしろ好都合と判断したから、ピョートルの対ムスリム十字軍の構想はまったく問題にしなかった。ロシアの国際情勢への認識はあまかったが、西欧旅行のもうひとつの目的は、ピョートルに有意義であった。オランダでは、ピョートルみずから東インド会社の造船所で一労働者としてはたらき、イギリスでも、造船所で学んだほか、工場、議会、大学、博物館などの見学により、その先進性を確認した。

ウィーンをへてヴェネツィアにむかう途中で、銃兵部隊《ストレルチ》の反乱を知らされてただちに帰国、すでに反乱は鎮圧されていたが、銃兵数百人を処刑してさらし首にした。同時にピョートルは、まず外面的なところから改革に着手した。貴族、市民の慣習であったひげをそりおとさせ、伝統的な長衣は非活動的であるとして、長靴下などの西欧風衣服にかえることを命じた、他方、これまで禁じられていた喫煙は公認した。ピョートルの改革は、その後も多方面にわたり、急速にすすめられていくが、保守的な貴族、民衆とも、これに不満をつのらせていった。

ピョートルの対外政策は、トルコをやぶって黒海方面に膨張する計画にかえて、スウェーデンが支配するバルト海域への進出をめざした。スウェーデン王カール一二世(在位一六九七〜一七一八)が年少なのにじょうじて、デンマーク、ポーランドと同盟をむすぶと、一七〇〇年、バルト海東岸のスウェーデンの都市ナルヴァに兵をすすめ、**北方戦争**(一七〇〇〜二一年)をおこした。カール一二世は、年少ながら有能な君主で、まずデンマークを攻めて同盟から脱退させ、転じてナルヴァを包囲したロシア軍をおそい、大破した。ピョートルは、この敗戦を国民に知らせず、軍隊の再建、兵器の生産を強行し、民衆の反対を無視して教会の鐘を供出させて鋳《い》つぶし、大砲を急造した。カールがロシア軍を追撃せず、ポーランド攻撃にむかったことも、ロシアの立ち直りに時をあたえた。ピョートルは、

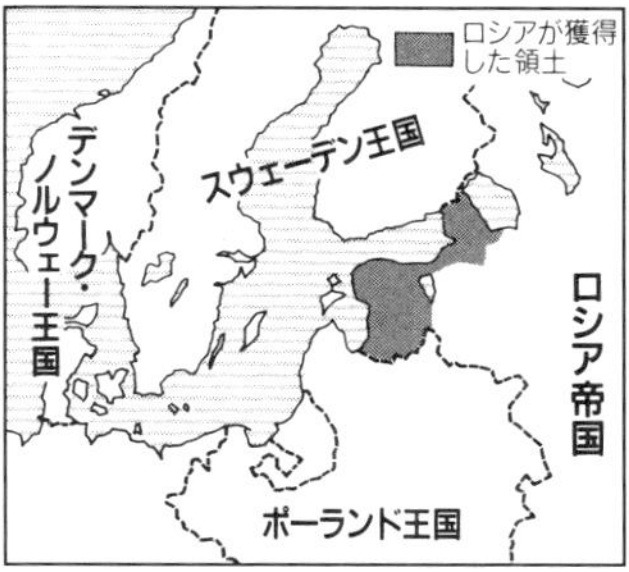

北方戦争

そのすきにバルト海岸のスウェーデン領を占領し、一七〇三年、ネヴァ川の河口に、モスクワにかわる新都ペテルブルク（ソ連時代はレニングラード）の建設を開始した。

徴兵と重税に圧迫された国民の不満は、各地で反乱をひきおこし、とくに南ロシアでは、カザーク（コサック）の大反乱となった。カザークとは、十六、十七世紀のロシア東南の辺境地帯に、流亡民を主体に形成された戦士集団をいう。牧畜、狩猟、交易などを生業とし、アタマン（隊長）のもと、人馬一体の生活をいとなんだ。ロシアに侵入しモスクワをめざしたカールは、この形勢をみ、カザークとの合流を期待して南ロシアに南下したが、カザークはピョートルに封じこめられ、一七〇九年六月、ポルタヴァの戦いで、スウェーデン軍は火器、兵力ともに優秀なロシア軍に大敗し、カールはかろうじてトルコ領にのがれた。戦争はなお一二年つづいたが、ロシアはスウェーデンを圧倒した。この間に、帰国したカールも死んで、一七二一年、ニスタットの和約がむすばれ、ロシアはリヴォニア、エストニアなどバルト海沿岸に大きく領土を拡大した。

スペイン継承戦争にいそがしかった西欧諸国は、この北方戦争に介入することはできなかった。一七二一年、ペテルブルクで勝利の祝典がひらかれ、ピョートル一世は、「祖国の父、全ロシアの皇帝」の称号をうけた。「ロシア帝国」の名称がもちいられるようになるのはこのころからである。

## ロシア・ツァーリズムの展開

ピョートルの改革は、北方戦争中も、戦後も、休みなくつづけられた。国制の面では、中央の統治機構として元老院と参議会がおかれ、行政の能率化がはかられた。地方行政は、県知事に大きな権限をあたえて治安、徴税、裁判、徴兵などの任務を遂行させた。官僚は主として貴族から選ばれたが、ピョートルは官僚の怠慢、不正、汚職などに悩まされた。このため、きびしい監察にあたる検察官制度や検事総長の職を設けるほか、功労と年功だけを昇進の条件とした、一四等級からなる文官・武官の「官等表」を制定して、官僚＝貴族の国家奉仕をうながした。また、北方戦争と密接にかかわる陸海軍の増強については、海軍はバルト（バルティック）艦隊の建設、陸軍は二〇戸に一人のわりで兵士を徴集し、正規軍二〇万（ほかにカザーク兵士七万五〇〇〇）にまで兵力をふやした。軍隊の幹部には貴族をあてることにし、その子弟の名簿を完備させて、随時、軍隊や砲術学校に送りこんで経験をつませた。

ロシアの鉱工業は、ピョートル一世の時代から発達しだした。軍備拡張のために鉄、銅が必要となり、ウラルの資源の開発がはじまり、鉱山・冶金業が発展して、ウラルはヨーロッパ随一の銑鉄生産地となった。工場建設は、官営主導型ではじまり、免税、補助金などの保護をあたえて民間の工場建設も奨励した。しかし、当時のロシアには十分な労働力がなく、ピョートルは、一七二一年、商人・工場主が労働力として農奴を買いいれることを許可した。ロシアの工業の発達は、これらの農奴と、

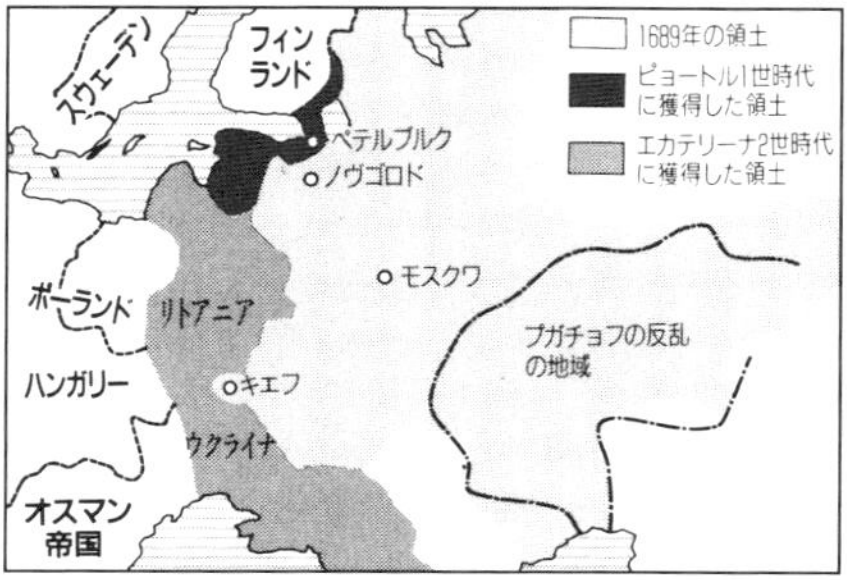

18世紀ロシアの領土拡張

農閑期に工場・鉱山ではたらかされる農奴の労働力にささえられた点に特徴がある。

ピョートルの性急で大規模な改革は、ロシアの近代的発展の枠づくりとしては欠かせないものであったが、その理念と体制が定着しだすには、ピョートルの死（一七二四年）ののちなお数十年の歳月が必要であった。

女帝アンナ・イヴァーノヴナ（在位一七三〇～四〇）とつぎのイヴァン六世（在位一七四〇～四一）の時代はドイツ系寵臣が重用されたが、政局はこれに不満なロシア人貴族と近衛連隊の力をかりた宮廷革命により即位したエリザヴェータの時代に、ようやく安定した。ロシアの経済も、貴族の企業熱がたかまり、商人や富裕な農民の商業活動も拡大して、活況をみせるようになった。また、官僚社会では、いぜん貴族が優位にたったが、非貴族身分から昇進して貴族身分を取得した新貴族や、平民出身の官吏が増大した。

外交は一貫してオーストリア側にたち、オーストリア継承戦争や七年戦争に参戦した。フリードリヒ二世のプロイセンの発展が、ロシアにはバルト海域への脅威とうつったからである。ところが、七年戦争の末期にエリザヴェータをついだ、北ドイツ（ホルシュタイン）育ちの甥のピョートル三世は、プロイセンと休戦し、軍隊や官庁にプロイセン式規律をもちこんだ。これが反発をかい、近衛連隊の支持をえた妃エカテリーナの宮廷革命によって、わずか六カ月で帝位をうばわれた。

**エカテリーナ二世**（在位一七六二～九六）は、ドイツ貴族の出であるが、十六歳でピョートルの妃となっていらい、熱心にロシアに同化することにつとめ、人気をあつめて三十三歳で女帝となった。はやくから啓蒙思想に親しみ、強い意志力とするどい政治感覚をみがき、以後、三四年の長期にわたり、専制的な統治をおこなった。諸改革をともなったこの統治体制は啓蒙専制君主制といわれるが、一七七三～七五年、農奴制のいっそうの強化に反抗してプガチョフの乱がおこり、その治世をゆるがした。

エカテリーナは領土膨張にも積極的で、トルコとの二回の戦争で念願の黒海に進出し、クリム・ハン国をトルコから独立させたのちこれを併合して、セヴァストーポリ要塞と黒海艦隊の建設に着手した。また、三次にわたるポーランド分割（一七七二、一七九三、一七九五年）をおこない、ベラルーシの西半部、ウクライナの西北部までをロシア領とした。

## 2　十八世紀のポーランドと北ヨーロッパ

### ポーランドの沈滞・改革・分割

十六世紀の東ヨーロッパで随一の大国であったポーランドは、十七世紀後半には、いちじるしく国際的地位を低下させた。ヤン三世のあとに即位したザクセン選帝侯フリードリヒ・アウグスト一世(在位一六九七〜一七三三)は、ロシア皇帝ピョートル一世とむすんで北方戦争をおこしたが、かえって、カール一二世みずから指揮するスウェーデン軍に国土を荒らされた。アウグストは国民の信頼を失い、その死後、後継者をめぐってポーランド継承戦争(一七三三〜三五年)になり、ザクセン選帝侯フリードリヒ・アウグスト二世を推したオーストリア、ロシアの圧力のまえに、もともと東欧にはつよい関心のないフランスが手をひいた。もはや、ポーランドの自立はなきにひとしいものとなったが、バルト海商業の停滞という経済危機にもまきこまれ、穀物輸出の不振から中小貴族層の貧窮化がすすんだ。都市商人の活動は沈滞し、バルト海貿易の実権も、ユダヤ商人やドイツ商人ににぎられた。

このような衰退のなかで、十八世紀後半、国政改革への動きが貴族のなかからおこり、フランスで啓蒙思想を身につけたスタニスワフ二世(在位一七六四〜九五、ちなみに王はポーランド王国最後の王となる)の熱意もあって、ポーランドは立ち直りかけた。これをみて、エカテリーナ二世とフリードリヒ二世は内政干渉にのりだし、一七七二年、マリア・テレジアをくわえて第一次**ポーランド分割**を強行した。この衝撃を契機として、ポーランドは国をあげての改革運動にとりくみ、一七九一年五月、ついに**立憲君主制の新憲法が国会で採択**された。

ポーランドを保護領にしようと考えているロシアのエカテリーナ女帝は、新憲法は好まないポーランド国内の少数反動勢力の要請をうけて、翌九二年武力介入した。プロイセンも軍隊を送りこみ、軍事的威圧のもとに、一七九三年、両国は再度領土をゆずらせた。当時、フランス革命との対応におわれていたオーストリアとイギリスは、この第二次分割になすところがなかった。憤怒したポーランドの愛国者たちは、**コシチューシコ**にひきいられて一七九四年クラクフで決起し、ロシア軍をやぶって第二次分割でうばわれた領域を解放、コシチューシコを首班とする臨時政府がワルシャワに設立され、農奴解放がおこなわれた。しかし、フランス革命下の国民公会は、コシチューシコからもとめられたポーランド援助をこばみ、ロシア、プロイセン、オーストリアは、三たび分割を要求してポーランドの愛国運動をうちやぶり、翌一七九五年、第三次分割によってポーランド王国を完全に抹消したのである。

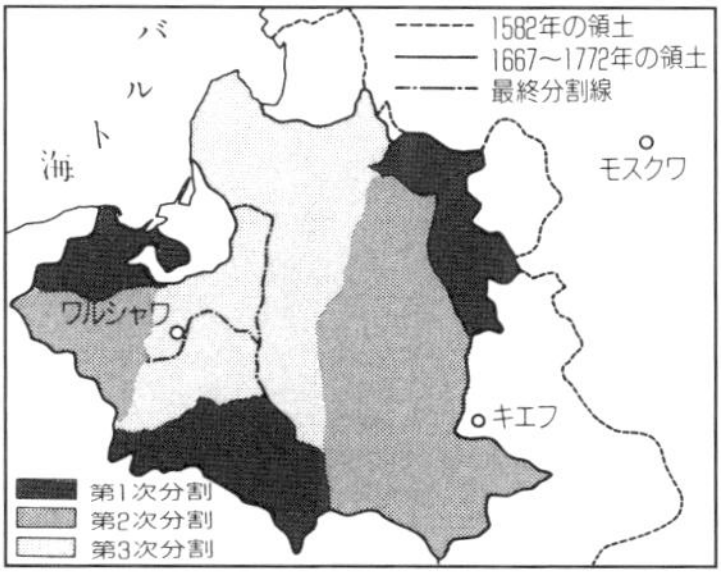

ポーランド分割

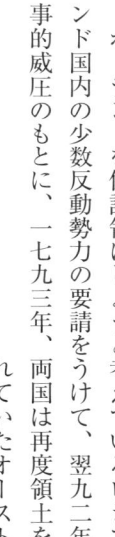

## スウェーデンの改革

スウェーデンは、十七世紀の前半、「北方の獅子」とあだ名された英明な王**グスタフ二世アドルフ**（在位一六一一～三二）のもとで、ポーランド、デンマークと対抗しつつバルト海帝国の建設にむかった。ドイツの三十年戦争に、新教派をたすけて介入し、ウェストファリア条約で北ドイツ沿岸部に領土を拡大した。グスタフ二世の時代には、国家体制も整備され、身分制的な国会が政治の中心におかれた。ネーデルラントのカルヴァン主義者ルイ・ドゥ・ジェールとその一族の手で、鉱山開発と精錬所設備の改良がすすみ、産出された豊富な鉄の大半はイギリスに輸出された。

グスタフ二世をついだクリスティナ女王は、途中で王位をすて、従弟のカール一〇世（在位一六五四～六〇）にゆずった。その子カール一一世（在位一六六〇～九七）の時代にかけて、スウェーデンの王権は伸長したが、つぎのカール一二世が幼少なのにじょうじて、一七〇〇年、既述のようにロシアのピョートルがデンマーク、ポーランドと同盟し、北方戦争をおこした。

スウェーデンは、ハノーヴァー・イギリス、プロイセンからも宣戦をうけて窮地に追いこまれ、カール一二世は狙撃弾にあって二十六歳の若さで倒れた。王位は、妹のエレオノーラがついだが、その夫ヘッセン侯フリードリヒは、ロシア以外の諸国とは、領土の割譲などで和解し、ロシアも、一七二一年ニスタットの和約をむすんで、スウェーデンが支配するバルト海東岸部のリヴォニア、エストニア、イングリア、ヴィボルグ州（フィンランド東部）を割譲させた。これによって、スウェーデンのバルト帝国は一世紀たらずで崩壊し、バルト海貿易の実権も、イングランドやデンマークにうばわれた。

北方戦争の敗北は、スウェーデンの国制改革をうながした。エレオノーレにかわって正式に王位についたヘッセン侯フリードリヒ(フレデリック)は、一七一八年、国会によって新憲法の制定を約束させられた。これは実行にうつされ、スウェーデンは、国会を最高機関とする制限君主制国家となり、政権は貴族を指導者とする党派によってうごかされていく。

フレデリックの死(一七五一年)により、ハット党(「つばのある帽子」の意味)が推すカール一二世の姉の子、ホルシュタイン・ゴットルプ公カール・フリードリヒが王位についた。親仏的なハット党は、七年戦争でフランス側につき、一七五八年、プロイセンと戦ったが成果はなかった。戦後は、ハット党のこの失態を批判したメッサ党が政権をとり、新聞の検閲を廃止するなどの自由主義的な政治をすすめ、台頭しだした市民階級の勢力を、自派の基盤にとりこんでいった。

## デンマーク・ノルウェーの新政

デンマークの国王クリスティアン四世(在位一五八八〜一六四八)は、スウェーデンにさきがけて、新教派の盟主という名目のもとに、第二期三十年戦争(一六二五〜二九年)をおこした。これは孤立して惨敗におわり、国威を失墜した。

しかし、国内では商工業者とむすび、一六三八年、貴族、聖職者、市民(商工業者)からなる身分制

18世紀末の船舶保有高

1786/7年．内航船をふくむ。単位：万トン

| | | | |
|---|---|---|---|
| イギリス | 120.4 | スウェーデン | 16.9 |
| フランス | 72.9 | ドイツ | 15.5 |
| オランダ | 39.8 | スペイン | 14.9 |
| デンマーク<br>ノルウェー | 38.6 | ポルトガル | 8.5 |
| イタリア | 25.4 | オーストリア | 8.4 |

出典：R. Romano. Per una Valutazione della Flotta Mercantile Eulopea alla Fine del Secolo XVIII, *Studi in onore di Amitore Fanfani*, V. Milano 1962. 石坂昭雄ほか『西洋経済史』。

国会を設立し、貴族勢力をおさえる路線をかためた。つぎのフレデリック三世(在位一六四八～七〇)は、国会の反貴族勢力とくんで改革を断行し、それまでの選挙王制を廃止して、国王に絶対主権をみとめる国制をしいた。貴族の拠点であった元老院は廃止され、国務は五つの省に分属した官僚が担当し、各省長官と王とで枢密院が構成された。また、創設された最高裁判所は、国王が統括した。

つぎのクリスティアン五世(在位一六七〇～九九)は、平和を維持して国力の充実につとめたが、その子フレデリック四世(在位一六九九～一七三〇)は、スウェーデンの覇権をくつがえそうとして北方戦争に参加した。緒戦でカール一二世にやぶられたが、結局は、やぶれたスウェーデンからシュレスヴィヒを割譲させた。

戦後はふたたび平和政策にもどり、フレデリック五世(在位一七四六～六六)の啓蒙君主政治によって、国の内外にデンマークの活力がたかまった。その後の改革政治はジクザクの道をたどったが、一七八四年から、暗愚な父クリスティアン七世(在位一七六六～一八〇八)にかわって王権を執行した皇太子により、農奴制の廃止、農民の職業選択および土地所有の自由、ユダヤ人の解放、租税の軽減、関税率の引き下げなど画期的な改革が実行された。

ノルウェーは、十七世紀には、デンマーク王を国王とする従属的な同君連合の関係にあり、上級官僚はデンマーク人で、商工業もデンマークによって制約されていた。十八世紀の七〇年代はじめに、デンマークで出版の自由、検閲制度の廃止がおこなわれると、これに刺激をうけたノルウェー人のあいだに、デンマークからの独立運動がたかまった。

一七八四年以来のデンマークの新政は、ノルウェー独立運動にさらに力をあたえるが、まもなく、フランス革命がもたらした国際政治の激動によって、北欧三国は予想もしない局面にたたされることになるのである。

第三章

# 啓蒙主義の世紀

## 1 啓蒙思想の展開

### 啓蒙思想の登場

十八世紀のヨーロッパは、すでにのべたとおり、西北部のイギリス、フランスを中心に、順調な経済成長がみられ、ブルジョワジーが台頭した。人びとのあいだには**進歩の観念**と**合理の思想**がいきわたりだした。

しかし、イギリスとフランスでは、社会の発展段階ならびに資本主義の進展度において大きな差がうまれていた。その原因は、イギリスがすでに十七世紀の二度の革命によって、政治体制の面でも経済政策の面でも、ブルジョワ社会への転換を容易にする条件をうみだしていたのにたいして、フランスでは、「アンシャン・レジーム」(旧体制)とよばれるふるい社会制度が、なおつよい規制力をもち、ブルジョワ勢力の自由な政治的・経済的活動を妨げていたことにあった。

そのフランスにおいて、十八世紀にはいると、「旧体制」の不合理をするどく批判し、産業・技術の発展をめざす思想が知識人によって説かれはじめた。これは、市民にたいする啓発的な言論活動をともなう文化運動へと発展した。十八世紀なかごろのフランスに集中的にあらわれ、全ヨーロッパに広がったこの思想を**啓蒙思想**とよんでいる。

フランス啓蒙思想の先駆者とされるピエール・ベールは、デカルトの方法的懐疑を歴史の分野に適用して、カトリック主義を批判的に検証する『歴史的批判的辞典』(一六九七年)を著した。十八世紀になると、フランスのデカルト的合理的哲学の風土に、ジョン・ロックの経験論哲学が浸透し、デカルト哲学の抽象性が克服されていった。

啓蒙思想の源流となったイギリスの**ジョン・ロック**の思想は、十七世紀のイギリス革命を事後的に正当化するという性格をもっていたが、その中核をなしていたのは、**自然権の思想**であった。

ロックのいう自然権とは、理性の法である自然法が支配する自然状態において、人間がほんらいもっている自由、生命維持(安全)、所有の権利をさし、この自然権は、生まれながらに自由、平等、独立である人間のだれにもあたえられているものとする。ほんらいは平和な自然状態も、自然法に違反して自然権がおかされる状況となる危険をもつゆえ、この基本的人権をまもるために人びとは市民社会、またひとつの政治的結合体(国家)を結成するにいたる。しかし、この国家の統治者が、自由、安全、所有の保全という目的を逸脱して権力を濫用するなら、人びとはこれに抵抗し、あたらしい統治形態にかえることも許されるのである、と。これがロックの政治理論であった。

ロックをはじめとして啓蒙主義の政治理論が描きだす人間とは、民族、国籍、性別、社会的身分、階級、職業などの具体的な規定を排除した、抽象的な人間像であった。しかし、人間一般が問題の根底にすえられることによって、「人間の権利」があきらかになり、専制にたいする抵抗や、あたらしい社会秩序の建設をこころざす人びとのための普遍的な思想原理として、実践的指針ともなりえたのであった。

十八世紀のフランスは、外交、軍事、貿易、植民政策などで、イギリスとの前世紀以来のはげしい争覇戦をつづけたが、学問、文化、風俗、趣味などでは「アングロマニア」(英国心酔)の風潮が広がった。イギリスの合理主義がとりいれられたのも、この風潮のもとにおいてである。両国の知的接近に努力し、フランスに啓蒙思潮をよびおこしたのは、モンテスキューとヴォルテールであった。

## モンテスキューとヴォルテール

**モンテスキュー**は、ボルドーの貴族の出で、のちにボルドー高等法院長になる、根っからの貴族主義者である。しかし、専制政治にははやくから批判的で、匿名で書いた初期の『ペルシア人の手紙』(一七二一年)は、旧体制を軽妙に批判し評判となった。イギリス旅行体験をつうじてその自由な社会環境に共鳴し、イギリスの政治組織を研究し賞賛した『法の精神』(一七四八年)は、イギリスもふくめてヨーロッパに大きな反響をよびおこし、二年たらずで二二版をかさね、各国語に翻訳された。

『法の精神』の本質は、フランス絶対王制批判である。モンテスキューは、ロックの説く「政治的自由」(political liberty)をそのまま統治形態(政体)の分類準拠とし、政治的自由との距離において、**共和制**(民主的共和制と貴族的共和制の複合)、**君主制**、**専制**の三つに分ける。そして、共和制には徳が、君主制には名誉が、専制には恐怖が統治の原則となる。モンテスキューが選びとる政体は君主制であり、民主的共和制は貧しい小国においてのみ適した政体とみなされてしりぞけられる。ただし**君主制は、君主の恣意的な権力濫用にむかう危険をつねにもち、恐怖の専制への傾斜を内在**させる。フランスの絶対王制は、まさにこの専制化の危険にさらされている、と彼はみたのである。

そこで、君主による権力の濫用を防止する政治機構として、モンテスキューはロックの説を発展させ、『法の精神』において**三権分立**の方策を提起した。すなわち、国家の権力を立法、執行、司法の三権に区別し、これを、ことなる人と機関に所属させ、相互に抑制・均衡させるという考え方である。これは、近代国家における権力分立の原基ともいうべき理論であった。しかし、モンテスキューの権力分立論は、国民主権の立場からのものではなく、絶対王制のもとで失われた貴族階級の力を、貴族に政治的職務をあたえることによって回復し、国王と人民とのあいだにたつ中間団体として、専制化の危険を防ぐ役割をつよめようとする発想にもとづくものであった。

政治社会をとらえるモンテスキューの理論のユニークさは、法や統治のありかたを、ホッブス、ロックやルソーのように人間の自然状態や一般的な社会契約論から導きだすのでなく、人間をとりまく物理的・社会的環境、ならびにその相互関係の、実証的比較研究のなかから、必然性を帰納するという方法をとったことである。風土、気候、土地の肥沃度など地理的環境の差異が、民族の一般的な気質や風俗、宗教、法や政体の特質に大きな影響をおよぼすことを、モンテスキューは『法の精神』において法則的にあきらかにしようとこころみたのである。

もちろん、かぎられた、しかも不十分な実証にもとづいたこの理論では、人間社会の構造やその発展を説きあかすことはできず、宿命論的な陥穽《かんせい》(わな)におとしこむ危険をはらんでいた。しかし、他方では、人間とその文化が、自然と社会の産物であり、価値の多元性が必然的根拠のうえになりたつものであることを指摘して、世界史学的・人類学的展望をひらいた。十八世紀フランスの政治理論家のなかでは、視野の広さと経験的実証的な方法において、モンテスキューはぬきんでた偉大な人物であった。

**ヴォルテール**は、多方面にわたる言論活動、とくに教会や聖職者にたいする痛烈な攻撃によって、**啓蒙思想を旧体制批判の運動に発展させた**人物である。パリの裕福な法曹ブルジョワの出で、才気煥発、青年時代に最初はオルレアン公誹謗の無実の罪で、二度目は貴族との喧嘩が原因で、二度もバスティーユ牢獄に投獄された。一七二六年、イギリス行きを条件に釈放されたヴォルテールは、一七二九年二月までのイギリス生活で、ロックやニュートンの思想に感化され、また宗教的寛容がたもたれる自由な社会制度に感銘し、帰国後、これを『哲学書簡』(一七三四年)でおおいに喧伝した。これは専制的なフランスへの批判でもあったから、ただちに「焚書」にあった。

ヴォルテールは行動の人であり、パリの社交界の寵児となってポンパドゥール夫人をパトロンにするかとおもえば、プロイセンのフリードリヒ二世にむかえられてポツダム宮殿にいき、侍従として厚遇されるなど、権力のふところにも平気ではいりこむ不敵さをもっていた。一七五三年からスイスとの国境に近いフェルネーにひっこみ、あらゆる形式を駆使した著述活動をとおして、狂信、無知、偏見とたたかいつづけた。『ルイ一四世時代史』(一七五六年)でフランスの近現代史を、『カンディード』(一七五九年)で一種のユートピアを描きつつ、そこに現状批判と風刺をもりこんだ。

イギリスで理神論の影響をうけたヴォルテールには、宗教上の暴力紛争をさけ、寛容を尊ぶというつよい信条がうまれていた。新教徒のカラスが息子を殺したという事実無根の罪で処刑された事件で無実の罪をきせられたカラスの名誉回復のための尽力や、蒙昧《もうまい》なカトリックに対するはげしい批判活動は、この信条によるものであった。ヴォルテールは、あたらしい社会のための理念も国家の構想も提示することはなかったが、旧時代に死亡宣告をくだすには最適の人であった。

## 2　百科全書派の人びと

### 百科全書派

フランスの啓蒙思想は、「フィロゾーフ」と称される多彩な思想家たちによって社会の各層に広められた。モンテスキュー、ヴォルテールらとおなじく、かれらの多くはイギリス合理主義の影響をうけており、コンディヤックはロックの著作を翻訳し、また『感覚論』(一七五四年)を著してロック流の感覚主義を広めた。エルヴェシウス、ラ・メトリ、ドルバック、ディドロらは唯物論をとなえた。なかでも**ディドロ**は、十八世紀知識人のオルガナイザーで、数学者ダランベールの協力のもとに、フィロゾーフたちを組織し、**『百科全書』**を刊行した。一八四人にのぼる寄稿者の思想的立場にちがいはあっても、専制政治と無知に反対し、科学や技術の進歩に味方しようとする点ではほぼ一致していた。これら一群の思想家たちを「百科全書派《アンシクロペディスト》」という。

『百科全書』は、前金予約制をとって、アルファベット順に一七五一年から刊行された。「科学、技術、工芸の理論的な事典」という副題どおり、この百科事典の編集は、合理的知識の体系化と普及、技術・工芸知識の啓発をめざす、新興ブルジョワジーの利害にそった出版活動であった。ヴォルテールはこの事業を熱烈に支持した。おもな寄稿者は、ヴォルテール、モンテスキュー、ドルバック、ケネー、テュルゴー、コンドルセなどで、ルソーも「音楽」ほか数項目を執筆している。しかし、担当者のいない相当数の項目は、ディドロ自身が精力的に執筆した。

『百科全書』は、刊行と同時に反動的な教会勢力のはげしい反対にあい、第一巻と翌年の第二巻は発禁処分をうけ、その後も、刊行は種々の障害にあって非合法出版となった。しかし、他方では、宮廷、政府のなかに、刊行事業に好意を寄せるものもあり、ヴォルテールと親しいポンパドゥール夫人は宮廷工作をこころみ、出版長官マルゼルブのひそかな援助などもあって、ルソーやダランベールの脱落はあったが、全二八巻が一七七二年に完成した。

百科全書派の人びとは、ディドロをふくめてみな、**開明された君主に政治の改革と経済の自由化を期待**しており、君主制を否定する考えはまったくもっていなかった。科学技術の発達と文明の進歩を歓迎するかれらは、すべての希望を君主に託していたのである。コンドルセをのぞく大半のフィロゾーフは、フランス革命を前に没したのであるが、もし革命を目撃したなら、これに大きな衝撃をうけ違和感をもったことであろう。にもかかわらず、『百科全書』が広めた合理と自由の思想は、まちがいなく、革命の思想的土壌となったのであった。

### 重農主義

百科全書派のなかでケネーとテュルゴーは、**重農主義**(physiocracy)をとなえた。**ケネー**は大規模経営の農家に生まれ、外科医学を学んでルイ一五世の侍医にまでなったが、農業にふかい関心をよせた。当時北フランスにはじまっていた、たかい生産力をもつ資本主義的な大借地農業に注目し、大地はあらゆる富の母体であり、農業の生産活動や農産物の流通を自由にすることがこの富を増大させると主張した。さらに、経済の法則性をあきらかにするため、自然科学の方法をとりいれ、天才的着想といわれる『経済表』(一七五八年)を著して、**生産・流通の過程を総体的に分析**した。科学としての経済学はこのケネーにはじまるとされる。

いっぽう、**テュルゴー**は貴族の出で、はじめ聖職者になったが、ヴォルテールに感化されて方向をかえ、パリ高等法院評定官となり、またケネーとの交わりから重農主義者となった。テュルゴーは、**人類の文明史を人間精神の進歩の歴史ととらえた**最初の人で、その進歩の原因を経済の進歩発展にもとめた。さらに、この経済の発展を保障するものは経済的自由の拡大にありとし、農業こそが富の源泉であると考えた。

つまり、進歩とは、富を増大させることであり、この過程で社会的不平等が拡大するのは当然であると考える点で、ケネーもテュルゴーもかわりはなかった。かれら重農学派のスローガンは、「なす《レッ》にまかせよ《セ・フェール》、いくにまかせよ《レッセ・パッセ》」、いわゆる「**自由放任**」であり、これはまさにブルジョワジーの宿願にほかならなかった。

テュルゴーは、この経済的自由のための改良政策を、リモージュ州監察官、ついでルイ一六世政権の財務総監に任じられ、啓蒙主義者としては数少ない実際的政治家として活躍したが、旧体制を死守しようとする特権階級の抵抗にあい、在任二〇カ月で失脚した。フランス革命がはじまるのはその一三年後、テュルゴーの死から八年後であった。

## 啓蒙思想の批判者ルソー

啓蒙思想は、因習、迷信、偏見、無知が支配する世界を「闇」としてこれを打破し、文字どおり人間の理性が支配する「光」の世界をもたらそうとする思想であった。そこには人間精神の進歩にたいする楽天的確信がつらぬかれていた。

だが、同時代にあってこれらの百科全書派とはまったく対極的立場にあったのが、**ジャン・ジャック・ルソー**である。前者が文明の発展を肯定的にとらえたのにたいして、ルソーはこれを否定的にみた。

ルソーは、フランスの亡命新教徒の時計職人の子としてスイスのジュネーヴで生まれた。ルソーは両親との離別の不運にたえかねてジュネーヴを去り、放浪ののち貴族の未亡人ヴァランの保護をうけ、約一〇年のあいだライプニッツ、パスカル、ニュートン、ロック、ヴォルテールらの思想を研究、二十九歳のときパリに出て百科全書派と交わりをもつようになった。一七四九年、ディドロのすすめでディジョン・アカデミーの懸賞論文に応募し当選、いちやく有名になった。すでに百科全書派の合理主義に反発していたルソーは、この論文で痛烈な文明批判を展開したが、これは、進歩的なフィロゾーフに敵意をもつ保守主義者の言説だとみられて、有力な貴族からの庇護の手がさしのべられた。しかし、それは見当ちがいで、一七五四年のおなじアカデミーの懸賞論文に応募したルソーの論文は、保守派をおどろかす所有権への激越な攻撃のため落選した。これが、翌年公刊されたルソーの代表作のひとつ、『人間不平等起源論』(一七五五年)である。

ルソーは、人間が平等であった「自然状態」についての推論から出発する。この自然状態にあっては、人間は「自己愛」と「憐れみ」という自然感情だけをもって、妨げあうことなく自由、平等に生きていた、と描く。この、服従も支配も知らない「自然状態」から「政治社会」に転換する契機を、ルソーは、所有の欲望と暴力的な所有権の設定にもとめた。

ケネーやテュルゴーは、農業の開始と富の増大がもたらす社会的不平等を、進歩の必然性として肯定した。ルソーは、それを、欲望と野心を刺激し、暴力と強奪、支配と反抗がくりかえされる「戦争状態」の出現ととらえ、この危険からの富者の自己防衛が社会組織と法律を発明させ、私有と不平等を永久に確定したのだと断言する。国家とはまさにそのような政治体なのであり、不平等の最終段階には、専制主義は極点にたっするとした。

ルソーは『人間不平等起源論』の献辞において、「私は、国家の機関のすべての動きが共同の幸福(bonheur commun)だけをめざしてすすむために、主権者と人民とがただひとつの同じ利害だけをもちうるような、そういう国に生まれたかった」とのべている。「そういう国」とは、人民と主権者が同一人格である場合にかぎられるだろう。『社会契約論』(一七六二年)は、まさにこの**人民主権の国家像**の描写にほかならなかった。

人間は、すでに失われた自由、平等な「自然状態」にもどることはできず、いたるところで鉄鎖につながれているが、新しい社会契約によって社会をつくりなおすことができる。その社会とは、ルソーによれば「各人がすべての人々とむすびつきながら、しかも、自分自身にしか服従せず、以前と同様に自由である」ような社会である。人民主権によってなりたつ国家であるかぎり、国家意思は全人民の意思(「一般意思」volonté générale)である。ここでは各人は契約により、個人の権利、自由を全体的に共同体に委譲し、「市民」としてその一般意思(法はこの一般意思の表現)に服従しなければならない。この服従は、ルソーによれば、市民としての倫理的義務となる。ロックの契約が個人的自由権の確保のためにむすばれるのとまったくことなるのが、ルソーの社会契約の観念であった。

ルソーのこの国家論には小さなジュネーヴ共和国が投影されていたし、服従の強制が国家意思の名のもとに独裁へ転ずる危険もはらまれていた。しかし、人民を政治的権威の究極の源泉として明示したところに、十八世紀思想史上の不滅の功績がある。

ルソーの説く理想の「共和国」をになうべき市民をいかに育てるかをあつかったのが、『エミール』(一七六二年)である。ルソーは、社会改良を楽観的に期待する啓蒙思想家の進歩主義を否定はしたが、子どもが生まれながらもっている自然の善性をまもり育てつつ、美徳や感性をつちかうことは、人間の進歩であるとし、そこに教育の意義をみとめた。ルソーはその十八世紀に、子どもを発見した画期的な思想家であった。

パリ高等法院は、一七六二年六月、『社会契約論』と『エミール』の二冊を焚書処分にし、ルソーに逮捕状をだした。やむなく数年の逃亡生活にはいったルソーは、その間に『告白』などを著し、一七七〇年パリにもどったのちも、コルシカやポーランドの独立闘争に共感して、『社会契約論』の原理を現実政治に適用させた『コルシカ憲法草案』と『ポーランド統治論』を書いて、祖国愛をうったえた。

一七七八年、まったく対照的思想家であったヴォルテールとルソーが、あいついで世を去った。ルソーは孤独のうちに死んだが、彼の思想は、ロベスピエールらジャコバン派にうけつがれ、フランス革命に直接大きな影響をあたえることになった。

## 3 啓蒙専制君主の登場

### 啓蒙専制主義の歴史的位置

七年戦争後、イギリスは世界市場をほとんど独占して、国際経済上の優越性を確立した。絶対主義の段階にある大陸諸国は、このような国際関係のなかで、なんらかのかたちで経済体制の編成がえをせまられた。このような段階であらわれた大陸諸国の政治形態を「啓蒙専制主義」(enlightened despotism)という。これらの国ぐには、いずれも商工業の発展が不十分で、ブルジョワジーは弱体であった。そのなかでのシステム転換は、むしろ王権のへゲモニーのもとですすめられる傾向にあった。こうして「啓蒙された君主の専制主義」が登場する。

一般に、啓蒙専制主義は中欧・東欧に出現したが、「強力な王権による資本主義の促進」がはかられたのは、むしろイギリスにつぐ経済大国であったフランスである。すでにみてきたとおり、重農学派をはじめとするフランスの啓蒙主義者たちは、ブルジョワジーの利害にそった社会的進歩を、あげて君主に期待したのである。だが、啓蒙専制主義のもとでは、つねに王権と特権身分とは対抗する。フランスではこれが革命に発展し、啓蒙専制主義的改革を挫折させるにいたった。プロイセンやロシアでは、君主は貴族にたいする威嚇と妥協により、封建的社会秩序を維持したまま、軍事的国家としての性格を濃厚にもつ主権国家として、転換する時代に対応したのであった。

啓蒙専制君主と貴族の対抗は、農民問題がひとつの争点となった。プロイセンやオーストリアの国王は、賦役軽減を軸とする農民保護政策をこころみた。王権のもとに農民を直接掌握し、租税徴収を確実にする意図からである。これにたいして、領主―→農民の身分的支配関係を破壊されることになる貴族は、つよく抵抗した。啓蒙専制主義的諸政策は、不可避的に近代化への志向を秘めるから、国家権力のよってたつ封建的構造と矛盾せざるをえない。この矛盾が君主と貴族のあいだに緊張関係をうみだし、結局は、部分的に上からの「農民保護」措置がとられるにとどまり、「農民解放」の実現にはむかわなかった。

## プロイセン・オーストリアの啓蒙専制君主

プロイセンのフリードリヒ二世は、皇太子時代にヴォルテールと文通し、『反マキャヴェリ論』を著して「君主は人民の第一のしもべにすぎない」と書いている。即位後も、一七五〇年ヴォルテールをまねき、三年間直接教えをうけた。この時期に王が書いた『ブランデンブルク史の回顧』にも、「君主は国家の第一のしもべであり、第一の役人である」とのべられている。
この**精神はたしかに「啓蒙的」**で、フリードリヒ二世はおどろくほど政務にはげんだが、実際の**統治はまったく「専制的」**であった。司法制度を改革し、拷問を廃止し、王の死後に『プロイセン一般国法典』として発布される法典の編纂もはじめた。宗教は寛容政策をとり、ユダヤ教徒にたいしても寛大な態度をとった。王領地の農民賦役の軽減など農民保護にもつとめた。しかし、これらの改良政策は特権的な貴族の地位をなんらおびやかすものではなく、本質的には君主独裁体制の確立強化にむけられたものでしかなかった。

フリードリヒは、「官房《カビネット》」において各種の官庁から送られてくる多量の書類に目をとおし、勅令や訓令をつうじてすべての官僚を独裁的にうごかした。また、毎年、定期的に視察旅行をおこない、王立マニュファクチュアを視察し、農民の実態をしらべた。この旅行のねらいは、官僚に根ぶかい不信をいだく王が、地方行政を直接監察することにあり、処罰をうける官僚も少なくなかった。

フリードリヒの統治や施策は、たしかに啓蒙君主の姿勢がみられる。しかし、人民の福祉や厚生をはかるかにみえる種々の事業も、その真の目的は、あくまでも租税の増収や兵士の確保による「富国強兵」におかれていた。とはいえ、国王御料地では賦役の金納化や世襲隷属農制の廃止などにより、賃労働にもとづく資本主義的農場経営がはじまり、騎士領所有者にも営利を目的として領地売買が活発になるなど、啓蒙専制体制下での近代的社会関係の創出が確実にはじまっていたことは、注目されてよい。

オーストリアのヨーゼフ二世(マリア・テレジアの長子、在位一七六五〜九〇)は、啓蒙君主としてはフリードリヒ二世よりも徹底していた。一七八一年、農奴制度廃止令を発布し、抵抗する貴族領主を種々の新税制によっておさえていった。そして、一七八九年には、貴族の行政上の特権を廃止して納税義務を課し、農民の租税や地代は、金納で全収入の三〇パーセントまでとする(国家はそのうちの$12\frac{2}{9}$パーセントを国税として確保し、のこりの$17\frac{7}{9}$パーセントが貴族たちにみとめられる最大限の地代部分となった)という、フリードリヒ二世もあえてしなかった改革にまでふみこんだ。

ヨーゼフの啓蒙主義的改革は、教会にたいしてもなされた。農奴制度廃止令と同年の一七八一年、「寛容令」を発して、伝統的にカトリシズムが信奉されているハプスブルク家領での、新教徒、ギリシア正教徒の公民権をみとめた。さらに、イエズス会を追放し多くの修道院を解散するなど、教会を国家に服従させるための政策は母マリア・テレジア以上に徹底的であった。この宗教政策とならんで、ヨーゼフ二世は学校教育への国家の介入にものりだした。義務教育を延長し、高等学校や大学の組織と授業内容に干渉をくわえ、学校教師の社会的地位を引きあげるなど、学校教育の「国家化」という近代的改革に着手した。

だが、この教育政策も、宗教政策も、人民の自由の拡大につながるものではなく、その本質はあくまで**「警察国家」的な絶対君主の後見行政**であった。出版物はきびしく検閲され、国家承認の諸宗派以外のセクトの活動はきびしく取り締まられた。ヨーゼフ二世のこの徹底した官僚主義が、言語・文化の画一的統制にまですすむと、啓蒙改革に特権を侵害された貴族たちのはげしい抵抗が、ハプスブルク支配下の諸民族の反発とむすびついて、農民や市民までが王の敵にまわり、おりからのフランス革命がもたらす恐怖も作用して「上からの改革」を挫折させたのであった。

### ロシアの啓蒙専制君主

ロシアの女帝エカテリーナ二世も、はやくからモンテスキュー、ヴォルテールらの著作にしたしんだ啓蒙専制君主である。一七六七年、『法の精神』や、イタリアの啓蒙主義的法学者ベッカリーアの『犯罪と刑罰』(一七六四年)などをもとにして、みずから『訓令』を著し、法治主義を統治の原則とすることをあきらかにした。この『訓令』は各国語に翻訳されて女帝の名声をたかめた。しかし、エカテリーナは、啓蒙主義の思想をそのままロシアに適用するつもりはなく、領主が農奴を手荒くあつかうことはいましめても、**ロシアの社会秩序の基盤となる専制政治と農奴制度を維持する姿勢はかえなかった。**

この『訓令』をうけて、翌年、あたらしい法典を編集する委員会が設立された。この委員会は、総勢五六四人で、元老院などの国家機関を代表するもののほか、地主貴族、都市住民、国有地農民、カザークおよび少数民族など、農奴代表がくわえられないほかはロシアのほとんどすべての階層と民族の代表からなっていた。二〇〇回をこえる会議が一年半にわたってひらかれたが、階級間の利害対立は収拾がつかず、紛糾をおそれたエカテリーナに解散させられ、新法制定にはいたらなかった。

実際の統治では、司法機関の整備、各種学校・病院・育児院の設立、異教徒にたいする寛容などの政策をすすめた。ヴォルテール、ディドロ、ダランベールらとも文通し、一七七三年にはディドロを招待するなど、フランスの啓蒙主義者のあいだではたかい評判をとった。彼女のこのような施策は、西ヨーロッパ諸国にたいする自己宣伝と世論操作という策略がはたらいていたし、ロシアにとってのねらいは、経済の発展や国政の向上に国民の自発的活力をむすびつけようとするものであった。

ディドロを招待したおなじ一七七三年の八月、プガチョフのひきいるカザークの反乱がおこりヴォルガ流域に広がった。「正しいツァーリ」の出現を期待する農民の伝統的な幻想にうったえたプガチョフは、役人罷免、農奴解放、租税・兵役の免除などを約束して五万をこえる大勢力となった。しかし一年後、仲間のカザークの首領たちに裏切られ、政府軍にひきわたされて処刑された。エカテリーナは、この大反乱に衝撃をうけ、貴族階級とのきずなを強化する内政改革にのりだした。

一七七五年、中央集権を徹底した郡県制度を整備する地方行政の改革を実施し、一〇年後、貴族にたいする「特権認可状」を発して、貴族には国家に奉仕する義務も直接税や体罰も免除した。また、貴族の領地の所有権は完全にみとめられ、その売却や使用はまったく自由となった。これとともに、農奴制はさらにつよめられ、ウクライナ地方にも拡大した。

こういう空気のなかで、ロシアには、専制政治や農奴制を批判し、自由を熱望するあたらしい知識人(インテリゲンツィア)が登場してきた。はじめはこのような傾向にも比較的寛大であったエカテリーナは、フランス革命がはじまるや弾圧政策をとり、一七九一年のポーランド新憲法をおそれて翌年第二次分割にのりだすなど、啓蒙改革はここでも専制君主制の拡充の手段でしかなかったのである。

# 第四章　十八世紀アジアの諸帝国

## 1　中華帝国の成熟と朝鮮・日本

### 清帝国の経済と社会

十八世紀の中国は、清朝の康熙《こうき》帝(在位一六六一～一七二二)、雍正《ようせい》帝(在位一七二三～三五)、乾隆帝(在位一七三五～九五)の三帝によってほぼ全時期が統治され、中華帝国の爛熟《らんじゅく》時代が出現した。

国家の徴税は、十八世紀の前半に、成人男子を対象とした徭役銀《ようえきぎん》の徴収が廃止され、土地のみを基準とする体制に転換した。**役税がなくなり地税だけになった**のは中国税制史上画期的なことであり、これは、農民による開墾を促進して耕地面積を激増させ、人口の爆発的増加をもたらした。明末、清初は九〇〇〇万から一億であったが、十九世紀の二〇年代には約四億にたっした。十八世紀の増加率は中国史上異例のことであった。国家の財政が銀の収取を基礎にしたこともあって、**貨幣経済**はいよいよ浸透し、農業、手工業における**商品生産化**はいちだんと**促進**された。

十八世紀の中国国民経済上もっとも重要な地位をしめるのは、大衆衣料である**綿織物**の生産である。その中心地は、長江下流域デルタ地帯で、ここでは、華北で産出される棉花を原料として移入し、農村家内手工業によって生産された綿布が広く全国に販出された。さらに、ここで生産された綿織物は、「南京《ナンキン》木綿」の名で華南の広州をつうじてヨーロッパに、また、一七二七年から対ロシア貿易基地となった外モンゴルのキャフタをつうじてロシアに輸出された。四川、雲南、貴州など辺境地方の市場には、長江中流域の洞庭湖周辺で生産される綿織物がはこばれた。

長江デルタ地帯は、すぐれた生糸を生産する製糸業もさかんであった。この生糸は、南京、蘇州、杭州の三都市によってほぼ独占的に生産された高級絹織物とともに、海外に大量に輸出された。いっぽう国内には、下級絹織物の紬《つむぎ》類の需要が広がり、製糸、織紬《ちゅう》が江南一帯で農村家内手工業として急速に拡大した。タバコ、茶、藍《あい》、麻、芭蕉《ばしょう》、サトウキビなどの作物も、商品作物として各地で物産化し、手工業では、綿織物業、製糸・絹織物業のほかに、江蘇の製紙業、江西景徳鎮の製陶業、雲南の製銅業、広東の製鉄業などが発展した。また、このような商品生産の発展は、大量の主穀の恒常的需要をうながすことになり、前代からの江蘇、浙江のほかに湖北、湖南があらたに穀倉地帯となって、増加した人口を吸収する諸都市にはこばれた。

農村での手工業的商品生産の発展にともなって、十八世紀の中国では、その生産と交換の中心となる小都市、鎮《ちん》・市《し》があらたに発達した。これらの小都市と大都市をむすぶ全国的な**商品流通のネットワーク**が形成され、**商業資本が台頭**したのもこの時代である。これらの商業資本のうち、海外貿易を独占した**広東商人**、塩専売制度に寄生した特権商人であった**山陝《さんせん》商人**（山西省、陝西《せんせい》省出身）、**新安商人**（安徽《あんき》省出身）らは、国家とむすびついて巨富をきずいた特権商人であった。山陝商人は華北を、新安商人は華中・華南を、ほぼ全国の市場圏を二分して活躍し、各種手工業の原料や製品、各種農産物の集散、販売にあたった。このほかに、山陝商人は華北で金融業にのりだし、新安商人も華中の都市・農村で高利貸資本として力をふるった。

全国的ネットワークをもつ商人は、同郷出身者ごとに結束して交流をもち、情報交換、共通利益をはかる目的で、**会館《かいかん》**とか**公所《こうしょ》**という同郷人の共同施設を、北京・南京のような省の首府などの大都市に設けた。清末の北京の場合、会館の総数は三一四、うち最多は江西省の四七、つぎが山西省の三三、最少は奉天省の一、河北、山東、甘粛、広西、雲南、貴州はいずれも一〇未満であった。会館・公所は、同郷出身の官僚との交流・癒着の場ともなり、その運営は、官僚や有力商人に牛耳られた。同業商人も会館を設け、原料の仕入れ、価格・度量衡の協定、職人・徒弟の規則などの面で共通利益をはかった。

農村家内手工業による商品生産の発展は、貨幣経済の全国的浸透を加速化させた。この過程は、商業資本の農民にたいする介入と搾取をうみはしたが、同時にまた、商品生産によって現金を獲得する農民の、地主にたいする抵抗力をつよめることにもなった。十八世紀には、**地主が小作農民（佃戸《でんこ》）から租《そ》と称する小作料をとる制度**が全国的に普及した。これとともに、農民＝小作人たちが地主とあらそって「抗租《こうそ》」（小作料不払い）をおこした。この運動は地主の土地所有権（収租権）そのものを否認しようというのではなく、地主の収租の恣意性を排除し、佃戸側の取得分を明確化しようとするものであった。耕作権（永佃権《えいでんけん》）の確立をめざす抗租運動は急速に広がり、一七四五年ころの江南デルタでは、佃戸の地域的連帯がすすんで抗租が慢性化していたほどである。また、この抗租運動の影響をうけて、主家にさまざまの形式で隷属する奴僕《ぬぼく》が、その人身的隷属をたちきろうと集団で蜂起する「奴変《ぬへん》」が各地に発生した。抗租、奴変は、ともに中国における**農民の自立化運動**であったといえよう。

清朝は、これらの農民が現実に生活している郷村を、国家の人民支配の基盤にしたが、そこでのあたらしい支配層として登場したのが**郷紳《きょうしん》**である。郷紳とは、**科挙**の各級に合格した生員《せいいん》、挙人《きょじん》、進士《しんし》および現職あるいは退職の官吏を、その郷里においてよぶひとつの身分呼称である。生員は、科挙受験の予備門で府・州・県に設けられた官設学校の入学試験、童試に合格したものをいう。生員となったもののうち、三年ごと省単位でおこなわれる郷試（これ以後が科挙である）に合格したものを挙人という。挙人は郷試の翌年春に北京でおこなわれる会試と、皇帝みずからがおこなう殿試に合格すると進士となり、高級官僚への道がひらかれるしくみであった。国制上は中央から派遣された官僚＝知県が、行政機関の末端である県の統轄者であったが、現実には、郷里の郷紳が地方政治に発言力をもっていた。地方在住の挙人以上の科挙合格者は、試験官や同期の合格者と、タテとヨコの強いつながりをもって官界と接合し、郷里における権益と発言力を保持したのである。ある推定によれば、十九世紀初頭の官職の総数は約四万、生員以上の資格を有するものが約一一〇万とされる。したがって生員以上の資格をもちながら、その大部分は官職につかず郷里にいたのであった。

満州族の清朝は、宋代に確立された科挙制度をおおいに活用した。中央では満漢併用の体制を強固にきずいたが、その末端にあってこの帝国をささえたのは、このような郷紳社会であった。

## 清帝国の国際環境

清帝国の領域は、十八世紀には東アジアの大半から中央アジアに広がった。苗《ミャオ》、瑤《ヤオ》などの非漢族が居住する西南部の雲南、貴州、広西、四川、湖南などの地域は、中国の王朝は元朝のときから非漢族の地方政権に官職を授けて事実上の自立割拠をみとめてきた（**土司《どし》制度**）。しかし、清朝は、雍正年間（一七二六〜三一年）にはいってこれを直接統治体制にあらため、中央から派遣した官僚（流官《るかん》）に統治させることにした。雲南、貴州と四川の一部では非漢族がこれにはげしく抵抗し、そのために大規模な軍隊を投入してこの切り換えを強行した。

内陸アジアには、ウイグル、ウズベク、カザフなどトルコ系民族が住む東西トルキスタン、カザフスタンのイスラム世界と、チベット人、西モンゴル人（オイラート）、東モンゴル人が住むチベット、

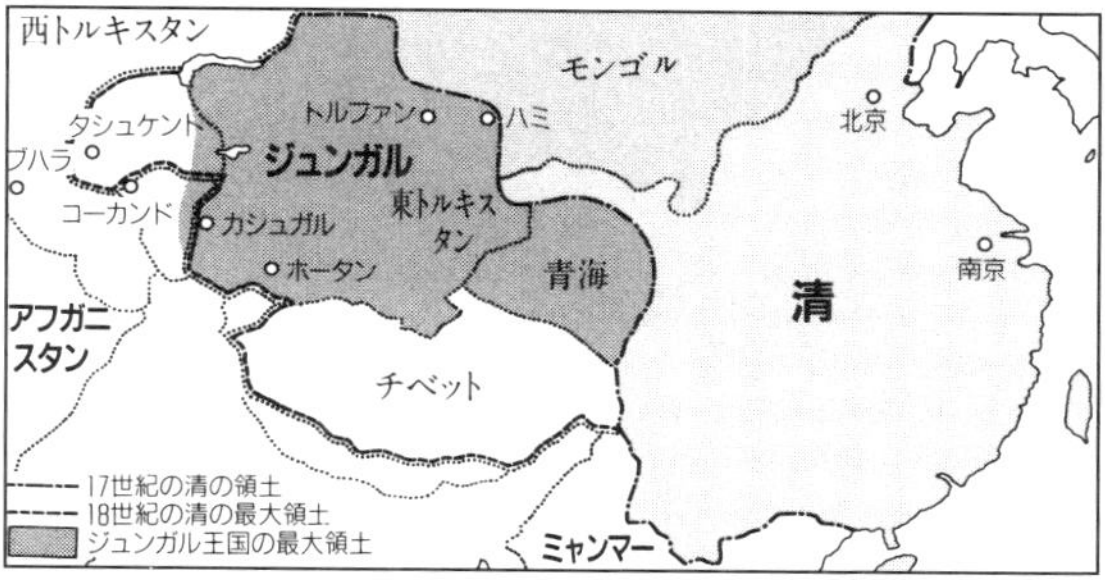

清朝とジュンガル王国

ジュンガル、モンゴルのチベット系仏教世界との、異質なふたつの世界が並存していた。チベット仏教は、十四世紀後半におこった革新派のゲルクパ(徳行派、俗には黄帽派という)によって急速に発展し、この派の指導者(ダライ・ラマ)は、十六世紀にかけて、内モンゴル、外モンゴルをその傘下におさめた。十八世紀にはいると、オイラートのジュンガル王国をひきいるツェワン・アラプタンは、チベットの政治支配をめざして一七一六年、ラサに遠征した。ジュンガル王国と敵対関係にあった清朝は、一七一八年チベットに出兵し、一七二〇年ジュンガル勢力を駆逐した。そして、あらたにダライ・ラマ七世をたて、駐兵権をにぎり、チベットを清朝の保護国とした。

清朝とジュンガル王国の対決は、その後もつづいた。ジュンガル問題に機敏に対処する目的をもって、一七三二年、雍正帝のもとで**軍機処**が発足した。軍機処はしだいに内閣の権限をうばい、皇帝直属の最高行政機関として力をふるうようになる。ともあれ、清はジュンガルの外モンゴルへの東方への進出をはばみ、一七六二年、ウイグル人の反乱を機に天山山脈の南北(現在の新疆《シンチャン》ウイグル自治区にあたる)を支配下におさめた。

その西方の西トルキスタンには、十八世紀なかごろウズベク人のコーカンド・ハン国が肥沃なフェルガナ盆地に建設され、それ以前からあったブハラ、ヒヴァ両ハン国とあわせて中央アジアの三ハン国が成立した。コーカンド商人は、十八世紀後半、清領東トルキスタンのカシュガル、ヤルカンド、イリなどにさかんに進出し、清と中央アジア・ロシアをむすぶ内陸アジア通商ルートを往来して、巨大な利益を独占した。

その北方のカザフ草原には、十六世紀以来、チンギス・ハンの末裔と称するスルタンに統治される、部族連合の遊牧国家カザフ・ハン国があった。十八世紀にはいると、東隣のジュンガルの侵略をたびたびうけ、そのたびに北方のロシアに援助をもとめた。ロシアのピョートル一世は、カザフ・ハン国に接して、シベリアの南辺イルティシュ川からカスピ海にかけての湾曲した要塞にカザーク軍団を配置した。ロシアは、この要塞線を前哨基地として、十九世紀になるとカザフ、西トルキスタンに侵略を開始するのである。

清朝とロシアの国境は、一六八九年、康熙帝とピョートル一世とがオランダ人を介してかわした書簡をもとに、フランス、スペイン両国出身のふたりの宣教師の助力をえてむすばれた**ネルチンスク条約**によって、外興安嶺、コルビツァ川、アルグン川の線とされた。これによって清は満州の全域を確保し、ロシアの勢力をシベリアに限定した。ついで雍正帝は、一七二七年に**キャフタ条約**をむすんで、西北の国境を画定し、国境貿易についても改定した。以後中国は、このキャフタを介して綿織物、絹、茶を輸出し、ロシアからはおもに毛皮を輸入した。

中国とヨーロッパ諸国との接触は明末より、日本と同じく商人に同道した**イエズス会宣教師**をつうじてすすめられた。ゴア管区巡察師ヴァリニャーニにもとめられて渡来したイタリア人宣教師マテオ・リッチの布教方針により、中国でのイエズス会士は、儒服をまとい、中国語を習得して中国古典を学び、宮廷・官僚層の共感をえて支配層からの教圏拡大をはかった。その方便として、ヨーロッパの自然科学や暦法、望遠鏡、自鳴鐘、砲術などを伝授して、皇帝・宮廷の歓心をかった。また、支配層の伝統的意識との衝突を回避するため、天・上帝とキリスト教の神(ヤハウェ)を同義とし、孔子の祭祀や祖先崇拝を容認した。

おくれて中国に渡来したドミニコ会、フランチェスコ会などのカトリック諸派は、このイエズス会の布教活動をはげしく非難し、論争は教皇庁にまで波及して事態は深刻になった。これを**典礼問題**《てんれい》という。康熙帝は、一七〇六年、儒教教義を容認する宣教師だけに中国永住を条件に布教を許可し、雍正帝は、一七二二年、宣教師を追放した。その後、キリスト教自体が禁止され、追放後も宮廷内部にのこった宣教師は、技術者や絵師としてしかその存在はみとめられなくなった。

また、清朝は、一六八四年に展海令《てんかいれい》をだして以来海外通商を公認し、広東、福建、浙江、江蘇の四省には海関(税関)を設けて貿易統制をおこなっていたが、乾隆帝時代の一七五七年、典礼問題が背景となって、広州一港をのぞいてすべてとざされた。こうして、**中国の鎖国体制**は、日本よりも約一世紀おくれて開始された。

## 朝鮮・日本の経済成長

十八世紀の中国における商品経済の急速な進展は、同時代の朝鮮や日本においても共通にみられた社会現象であった。

**朝鮮**では、十八世紀にはいると水田農業(二毛作もふくむ)が発展し、棉花、タバコ、朝鮮人参《にんじん》など**商品畑作物の栽培も活発**になった。十七世紀後半から鋳造されはじめた銅銭(「常平通宝《じょうへいつうほう》」)も、十八世紀からは恒常的に鋳造されるようになり、貨幣経済が農村にも浸透し、行商人があつまる定期市(場市《チャシシ》)が全国的なネットワークをつくりだした。

李朝は、支配層内部の党争が十八世紀はじめまでやまなかった。一七二四年に即位した英祖《ヨンジョ》(在位一七二四~七六)は、党派にこだわらない人材の登用によって党争をしずめ、一七五〇年、均役法《きんえきほう》を発布して、役負担の均一化と国家財政の集権化をつよめる改革を実行した。李朝では、身分によって負担のことなる役のうち、とくに比重がたかかったのは良人《りょうじん》身分(一般農民)が負担する軍役で、実際にはこれは綿布で代納された。その量や種類の査定が役所によってことなり、役負担が不公平であったので、均役法は中央に均役庁を設けて規定の量を一括徴収することにし、財政の安定にも効果があがるようにした。一連の改革事業は、英祖をついだ孫の正祖《チョンジョ》（在位一七七六〜一八〇〇）にもひきつがれて、十八世紀の朝鮮は李朝中興の時代となった。

**日本**でも、十八世紀は急速な**経済成長の時代**であった。商品・貨幣経済は列島のすみずみに浸透し、武士にも庶民にも消費志向が増大した。十八世紀の初頭、**新井白石**によってすすめられた正徳《しょうとく》の治《ち》は、十七世紀末の元禄期に膨張した質の悪い通貨を収縮し、財政再建をはかるものであったが、経済活動はかえって停滞した。一七一六年、第八代将軍となった紀州藩主徳川吉宗（在職一七一六〜四五）は、年貢増徴や新田開発など赤字財政を克服する享保《きょうほう》の改革をこころみ、一七三〇年代に財政は黒字に転じた。米価も下がったが、消費志向の増大はやまず、米価は下がっても一般商品の値下がりはしない、という難問は解決されなかった。

いっぽう、幕府・諸藩がとった享保の改革の年貢増徴路線は、農民の怒りを爆発させて、十八世紀の中期（一七三六〜七二年、元文《げんぶん》〜明和《めいわ》年間）には、列島の各地に百姓一揆が続発し、幕藩体制をゆさぶった。宝暦年間の八戸《はちのへ》藩の医師安藤昌益《あんどうしょうえき》が、『自然真営道《しぜんしんえいどう》』（一七五三年）において痛烈に封建社会と武士階級を批判したのは、ルソーの『人間不平等起源論』がでる二年まえのことであった。E・H・ノーマン著、大久保愿二訳『忘れられた思想家』上・下（岩波新書）は、安藤昌益とディドロを比較したすぐれた著述である。

このような民衆闘争の高揚の基礎に、**農業生産力の発展**、**商品経済の全国化**という社会的展開があったことはいうまでもない。深刻な物価問題が発生しても、経済発展の力動《ダイナモ》はとめようもなかった。吉宗政権の末期には、金銀貨幣のほかに大量の銅銭・鉄銭を鋳造して流通させ、経済の活況化をはかった。

この流れにそって登場した政治家が**田沼意次**《たぬまおきつぐ》である。田沼は、吉宗をついだ徳川家重《いえしげ》、家治《いえはる》の二代に重用され、積極的な重商主義政策による幕府財政の強化をはかった。外国貿易による収益増をめざし、長崎貿易の支払いを銀から銅にかえて銀の流出を防ぎ、しかも、その支払いの三割を俵物《たわらもの》（煎海鼠《いりなまこ》、干しアワビ、フカひれ）にして蝦夷《えぞ》（北海道）貿易を結合させるなど、新手《あらて》をあみだした。また、鎖国にとらわれず、ロシアとの貿易も計画した。

しかし、十八世紀末に近づくとともにくりかえされた洪水、旱魃《かんばつ》、疫病の襲来と、富商と結託した幕府の利益本位の田沼政権の政策に憤慨した民衆は、一七八〇年代にはいり、都市・農村で大騒乱をひきおこした。田沼は罷免され、白河藩主松平定信が老中におされて、一七八七年から、社会危機を鎮静させるため寛政《かんせい》の改革に着手した。ただし、この改革にともなう商業・金融政策の面では、江戸の豪商の協力をあおぐ田沼路線をひきつがざるをえなかった。

十八世紀末期、日本の経済社会は、あきらかに近代的転換をせまられていたのであった。

## 2　インド・東南アジア諸国家とヨーロッパ植民地主義

### ムガル帝国の解体

インド亜大陸の**ムガル帝国**は、アウラングゼーブ帝（在位一六五八〜一七〇七）の死を境にして、急速に統合力を失った。デリーの宮廷は、十八世紀前半、帝位の継承をめぐる党派抗争にあけくれた。この動乱は、諸州の大守《ナワーブ》の離反をうながし、一七二〇年代からは、ベンガル、アウド、デカンの各地方の大守は、ムスリムの独立的権力を樹立した。また、アウラングゼーブにもっとも頑強に抵抗してきた西部デカンのヒンドゥーのマラータ王国も、ムガル宮廷の内紛を利用して旧領地を回復し、さらにムガル帝国のデカンにある六州にたいする、四分の一税《チャウト》と総郷主職取分《サルデーシュムキ》の徴収を帝国にみとめさせた。

もはやアクバル帝以来の統治・徴税システムはくずれ、帝国は、王領地、給与地《ジャーギール》をとわず農民搾取をつよめる**徴税請負制**にたよらざるをえず、これは、農民の疲弊と農業経済の危機をもたらさずにおかなかった。

マラータ王国は、一七三〇年代にはいり、ニザーム・アルムルクがデカンに建てたハイダラバード藩王国との抗争をやめ、西北のヒンドゥーのラージプート諸国とむすんで、ムガル帝国打倒の北進にのりだそうとした。このとき、イランでサファヴィー朝にかわってアフシャール朝（一七三六〜九六年)をおこしたナーディル・シャー(在位一七三六~四七)が、北インドに侵入してきた。迎撃にでたムガル軍はやぶれ、皇帝はインダス川以西の割譲を約束した。これとともに、マラータ王国は、宰相《ペーシュワー》を長とする各諸侯の連合体制に変化した(これを「**マラータ同盟**」という)。諸侯間の対立抗争や従属諸勢力の、王国の搾取にたいする不満、反発があって、王国の内実は不安定であった。

そのころ、アフガニスタンに、ナーディル・シャーの暗殺(一七四七年)を機に独立王国(ドゥッラーニー朝)を樹立したアフマド・シャー(在位一七四九~七三)が、北インドに侵入し、デリーもいちじ占領された(一七五六、五七年)。ムガル皇帝はマラータ王国に援助をもとめ、マラータ軍は、一七六一年、古戦場のパーニパットでアフガニスタン軍を迎撃した。

しかし、かえって大敗し、以後王国の弱体化がすすんで、ムガル帝国にかわって北インドを支配する機会を永久に失った。やがて**マラータ王国のあらたな敵はイギリス**となり、一七七五年からはじまる数次のマラータ戦争によって、イギリスに各個撃破され、独立も失うのである。

イギリスがインドに本格的に進出しだしたのは、一六二三年以後である。一六二三年、香料諸島のひとつアンボン(アンボイナ)でオランダに致命的な打撃をうけ、イギリスはインドネシアの香料貿易から撤退し矛先をインドにむけ、十七世紀末までに、はじめはインド沿岸部で優勢であったオランダを駆逐した。イギリスの要塞拠点は、ヴィジャヤナガル王国滅亡後小国に分裂していた南インドの、マドラス(一六三九年獲得)、ボンベイ(一六六一年領有)と、ベンガル地方のカルカッタ(一六九八年獲得)であった。東インド会社(一六〇〇年創立)はクロムウェル政権の時代に改革され、一六六一年以後、巨額の資本と豊富な人員を投入して貿易と軍事を結合させた積極経営にのりだした。インドからのもっとも重要な輸入品は**綿織物**(キャリコとよばれた)で、このキャリコと香辛料にくわえて、ベンガル地方のインディゴ(藍《あい》)や硝石《しょうせき》(火薬の材料)が、ヨーロッパ市場でたかまる需要にこたえる東インド会社の主要輸入品であった。

フランスは、財務総監コルベールが一六六四年に東インド会社を再建してから、国家の強力な支援のもとにインドへの進出を開始した。その拠点は、マドラスの南ポンディシェリとカルカッタの北のシャンデルナゴルで、イギリスへの対抗意識をむきだしにしていた。十八世紀にはいると、綿布、絹織物の取引を中心にするフランスの貿易活動は急激にのび、一七四〇年にはその貿易額はイギリスの半分にまでたっした。オランダは、南インドの沿岸部ではなお貿易活動をつづけていたが、マラバール海岸に台頭したマルタンヴァルマ王にコラチェルの戦い(一七四一年)で敗北したあと、しだいにインドから撤退した。ベンガルにはデンマークの商館もあったが、その活動は微々たるものであった。

**インド植民地化のはじまり**

インドの命運をかえたのは、十八世紀中ごろのヨーロッパの王朝戦争であった。まず、一七四〇年にオーストリア継承戦争が勃発すると、インドでは、カーナティック(南インドの東南海岸平野部の呼ンドの大守《ナワーブ》の継承戦争に介入したフランスと、これに対抗するイギリスとが、一七四四年にカーナティックで開戦した。その後の七年戦争時をふくめて、在地勢力もまきこんだ三度のカーナティック戦争は、結局はイギリスの完全な勝利となり、**イギリスによるインド植民地化の第一歩**がふみだされた。

ベンガルでは、イギリス東インド会社の職員は、会社の自由通関券《グスタック》(免税保障)を悪用して経済を混乱させた。ベンガル大守がこれをつよく取り締まり、一七五六年カルカッタを占拠すると、イギリスは、翌五七年、マドラスから軍隊を送って奪回した。六月、クライヴのひきいる東インド会社の軍隊は、プラッシーの戦いで敵方の裏切りにも助けられ、兵力にまさる大守軍に大勝した。ついでクライヴは、七年戦争がおわった翌年の一七六四年、ベンガル、アワド両大守とムガル帝国の同盟軍を、バクサールの戦いでやぶり、翌六五年、ベンガルの初代知事となってベンガル、ビハール、オリッサの**徴税行政権**(ディワーニー)をムガル皇帝から獲得した。

ここにはじまったベンガルの二重統治は、実際には、イギリスの権力の下でインド人が行政を担当することであり、イギリスの植民地統治は、じつにこのベンガルからはじまったのである。

東インド会社は、ディワーニーをつうじて巨額な利益を取得し、配当金をふやしていった。会社の職員も、私貿易と賄賂によって蓄財し、巨富をイギリスにはこんだ。しかし、本国内には、東インド会社の特権と独占の行使にたいしてしだいに批判がたかまった。そこで、一七七三年の立法により、総督と参事会が統治にあたることになり、ヘースティングズが初代総督として派遣された。ついで、一七八四年、インド法が発布され、ボンベイ、マドラスの両管区はベンガル管区に従属することとなった。

一七七三年は、イギリス人がベンガルで直接の地税徴収を開始した年でもあった。インドの土地制度に無知なイギリス人の無謀な徴税によって、ベンガルとビハールに、永代査定による徴税制度を導入し、領主的大地主(ザミンダール)を近代法的な地主とみなして土地所有権をあたえ、かれらから一定の税額を徴収することにした。これは、実際に土地を耕作してきた農民の土地占有権など種々の権益をうばうことであり、**イギリスの統治によって、インド社会は重大な変質をしいられる**ことになった。

十八世紀の後半、植民地化を開始したイギリスの権力に対抗できるインドの勢力は、デカン西北部のマラータ諸侯、デカン南部のマイソール王国、ハイダラバードの藩王国の三つしかなかった。このうち、カーナティック戦争のなかで台頭し、一七六一年建国したムスリムのマイソール王国は、一七六七年イギリスと開戦した(第一次マイソール戦争)。これが一七六九年、イギリスの不利のうちにおわると、一七七五年、マラータ同盟とイギリスのマラータ戦争がはじまった(〜一七八二年)。そのさなかに、マイソールとの戦争が再開された。

マイソールの**ティープー・スルタン**は、八〇年代から九〇年代の世界情勢をよく理解していた指導者であった。彼は、オスマン帝国、アラビア、アフガニスタンなどに使節を送り、フランスの革命勢力とも連携をはかって、国際的規模をもってイギリスに対抗した。しかし、インドのなかのマラータ、ハイダラバードの両勢力は、逆にイギリスの術策におちいってマイソールとの連合戦線を形成することができず、一七九九年、ティープー・スルタンの壮烈な戦死によりマイソール王国は滅亡した。マイソール王国の滅亡によって、インドにおけるフランスの勢力は完全に駆逐され、イギリスの覇権が確立されることになった。

### インドネシアとオランダの侵略

東南アジアの多島海では、**オランダによるインドネシア支配**がいっそうすすんだ。オランダ東インド会社は、十七世紀のすえになると、領土を支配し拡大する一種の国家にかわっていた。バタヴィアの東インド会社は、十七世紀後半から十八世紀にかけて、マタラム王国におこった内戦に介入して支配領域を東に広げ、北東海岸地域を一七四三年までにすべて会社の直轄領とした。また、西隣のバンテン王国の内紛につけこみ、会社の特権をみとめさせて商品の輸入はすべてオランダが独占することにした。

東インド会社は、十八世紀にはいると、供給過剰気味な香辛料のかわりに、ヨーロッパでその嗜好が定着しだしたコーヒーを、西ジャワの高原地帯で農民に強制的に栽培させることにした。また、これと並行してヨーロッパで砂糖の需要が増大したから、栽培から製糖までの全工程を低賃金ではたらく中国人の労働力を利用して製糖業をおこした。これを機に、大量の中国人(華僑)がジャワに流入しだした。

コーヒーも砂糖も、一七二〇年代を境にヨーロッパ市場でしばしば供給過剰となり、不況が発生した。東インド会社は、生産を管理してジャワ農民や華僑に損害をかぶせたが、激増した華僑にたいしてオランダ人はいたずらに不安をつのらせ、一七四〇年十月、バタヴィアで、一週間にわたる華僑大虐殺事件をおこした。バタヴィアの混乱はジャワ各地に波紋をひきおこしたが、オランダはマタラム王国の反乱をおさえて、一七四三年マタラム王国を正式に会社の属国とした。

しかし、混乱は一七五〇年代までつづき、バンテン王国を従属させてもまだ、ジャワ東端のバランバンガン地方には抵抗勢力が残存していた。オランダがジャワ島全土の政治的支配を達成するのは、一七七七年のことであった。だがこのときには、膨張と反乱対応に莫大な経費をうばわれ、しかも貿易上の利益がさしてのびなくなっていたオランダ東インド会社の経営は、決定的に悪化していた。

### インドシナ半島の動乱

東南アジアの大陸部では、十七世紀、十八世紀に、農業国家と商業国家の対決の構図が鮮明になり、これに、インドネシアとおなじように、中国人の大流入現象がからんで各地域で複雑な歴史の局面を展開した。

**ミャンマー**（ビルマ）のタウングー朝は、十七世紀前半に山間盆地のアヴァにひきこんで、内向型の農業国家にとじこもった。しかし、まもなく、明清交替の大動乱の余波で、大量の中国人が雲南経由で流入してきた。やがて、十八世紀のなかごろ、中国人はミャンマーの交易都市ペグーのモン人と協力してアヴァを攻略し、二世紀あまりつづいたタウングー朝をほろぼした（一七五二年）。

しかし、これもつかのまのことで、マンダレー北方からミャンマーの新指導者アラウンパヤー（在位一七五二〜六〇）がたちあがり、イラワジ川右岸の段丘にある小村シュエボウに新都をひらいた。アラウンパヤーは休むまもなく平定事業をつづけ、アヴァを奪回、一七五七年にはペグーを陥落させた。東南アジアの文化を東南アジアに伝えた海上商業民族のミャンマー・モン王国の歴史と文化は、ここに地上から姿を消した。

アラウンパヤーとその後継者は、つづいて南シナ海貿易の主宰者アユタヤ朝を攻め、一七六七年、首都アユタヤを徹底的に破壊してこの商業国家を滅亡させた。このころ、清の乾隆帝は、雲南の兵士を中心とする大軍をもってミャンマー遠征を敢行した。しかしミャンマー軍のまもりはかたく、清軍は撃退された。

**タイ**は、爆発的に人口が増大する中国への主要な米輸出国であった。米の流通は完全に中国商人ににぎられ（ジャンク貿易）、タイへの華僑の流入が急増した。その華僑を父にもつタクシンは、中国人勢力の支援をえてミャンマーに反撃し、アユタヤを解放した。やがて一七八二年、腹心の将軍チャクリがタクシンを排除し、ラーマ一世(在位一七八二〜一八〇九)と称して新都をバンコクに定めた。これが現在のタイの、バンコク王朝のはじまりであり、王室は貿易を独占して繁栄し、タイの政情は安定した。

**ベトナム**は、十六世紀末より黎(レ)朝のもとにあったが、この王権は十八世紀末まで、精神的権威をもつだけの名目的な存在にすぎず、政治の実権は、対抗する北の鄭(チン)氏と南の阮(グエン)氏のふたりの武人ににぎられていた。それぞれの政治的安定のもとで、十八世紀の北・中部ベトナムでは、国内の農業生産だけではささえられないほどに人口が増大していた。くりかえされる飢饉は社会危機をうみ、一七三八年から七〇年まで痙攣《けいれん》的につづく大反乱に苦しんだ。

南部の阮氏は自立してクアンナム(広南)王朝を建て、南シナ海を舞台とする国際貿易に参加し、南方のチャンパやカンボジアに進出した。このクアンナム朝にたいして、一七七一年、タイソン(西山)で、阮三兄弟(タイソン党)がひきいる大反乱がおこった。鄭氏も、宿敵撃滅の好機とみて軍を南下させた。クアンナムの阮氏一族は南方にのがれたが、タイソン党軍に追いつめられ、一七七七年全滅した。タイソン政権は各地の中国人を虐殺し、一七八六年にはハノイを攻めて鄭氏もほろぼした。黎朝を救援してベトナムにはいった清軍二〇万も、一七八九年大敗を喫した。フランス革命が勃発した年であった。

## 3 ヨーロッパ勢力のアジア貿易

### イギリスの三角貿易

東アジアと東南アジアは、世界史上の初期近代の画期となる、いわゆる「大航海時代」のはじまった十六世紀はじめ、民間レヴェルでの広大なひとつの交流圏を形成していた。この文明世界は、中国を中心とする華夷秩序をたてまえとしていたが、事実上は人と文化の交流が遮断されない一種の開放体制をとっており、衣、食、住の生産技術がひろく伝播・改良されて、各地域ごとに民族固有の自給体制がととのいつつあった。また、華夷秩序は明の衰退とともにゆるみだし、日本などは中華世界から離脱しつつあった。

ヨーロッパからみれば「極東《ファー・イースト》」になるこの地域には、当時のヨーロッパにまさるような高度の文明社会があり、ヨーロッパ文明に有効に対峙《たいじ》しえなかった「新世界」とはわけがちがう一個の構造体であった。したがって、十六、十七世紀、ヨーロッパ人は、アジアでは、恩恵的にみとめられた沿岸拠点を利用して活動する、たんなる中継商人にとどまらざるをえず、それも、十七世紀に——中国だけが十八世紀にはいってから——東アジア諸国はいっせいに「鎖国」にはいり、活動は極度に制限されるにいたった。

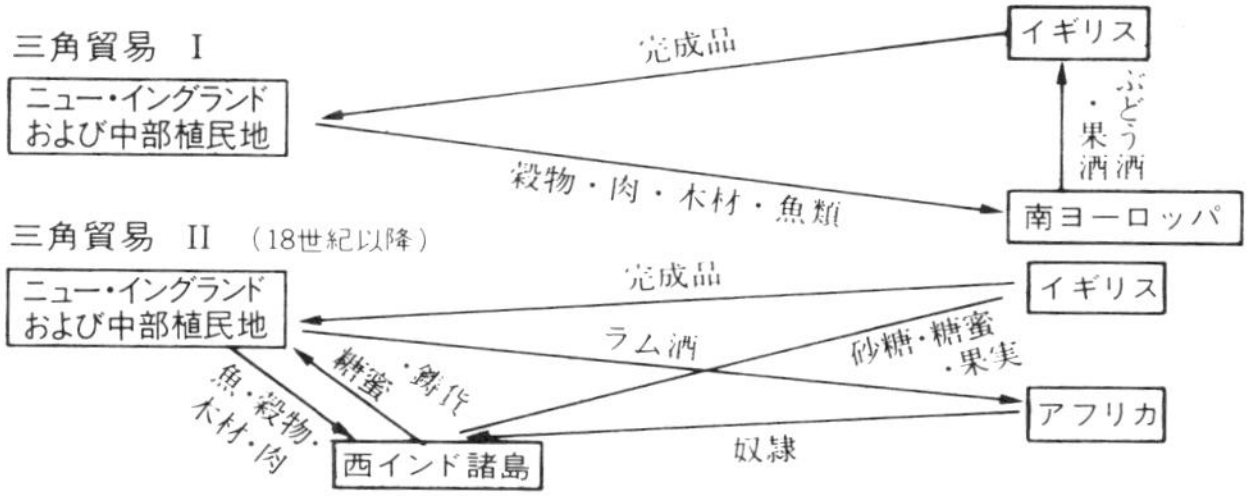


出典：H.U. Faulkner, *American Economic History*, 8th ed., New York, 1960.
イギリスの三角貿易

しかし、大航海時代の進展は、これに主体的にかかわった西北ヨーロッパの国ぐにに生活革命をもたらした。茶、コーヒー、チョコレート、砂糖などの大量消費がうながされ、ジャガイモ、トウモロコシ、トマトなどヨーロッパに未知の農産物が伝わった結果、農業ならびに食文化は画期的なレヴェル向上を実現した。オランダ、イギリス、フランスは、閉鎖体制に転換したアジアとの貿易にいよいよ熱中せざるをえなくなる。そのさい、列国の関心は、日本と中国とでは、そのありようがちがっていた。日本は、長崎の出島での中国人、オランダ人との貿易以外はいっさいの交流をとざしたが、その**オランダが日本にもとめた最大の商品は銀**であった。十七世紀初頭、日本から輸出された銀は、年二〇万キログラムにおよんだといわれ、この数字は、新大陸からヨーロッパに流入した銀の量に匹敵する。また、オランダは、日本をつうじて最初に茶（抹茶、whipped tea）の飲み方を知り、十七世紀はじめに日本の緑茶を輸入した。やがて十八世紀初期には、バタヴィアに中国商人がはこぶ中国の緑茶の取引が主となった。この輸入茶の一部は、イギリスに再輸出された。

イギリスも一六五〇年代から、コーヒー・ハウスで緑茶が、はじめは薬用として売られるようになった。十八世紀にはいり、イギリスの食事文化に大きな変化がおこり、上・中流市民の朝食はティーとバターつきのパン、という習慣がはじまり、茶は飲みものとしての地位を確立した。それとともに、東インド会社が直接中国から輸入する**茶**（緑茶と紅茶）**の額は増大**していった。イギリスの中国との直接的茶貿易の開始は一七一七年からで、十八世紀をつうじて緑茶の割合は減少し、紅茶の割合が年々増加していった。

この増大は、既述のようにジャワ・コーヒーの栽培・輸出に成功したオランダとの国際競争にやぶれて、イギリス東インド会社がアジア貿易の力点をモカ・コーヒーから中国茶にうつしたこと、また、一七二三年ウォルポール政権がとった関税引下げ政策による茶の価格下落が原因であった。これにともない、十八世紀なかごろには、労働者のあいだにも飲茶が普及した。茶の流行とともに、中国の陶磁器が輸入された。陶磁器、紅茶の急増に比例して、未知数の中国市場への期待もかさなって、イギリスの中国熱はますますたかまっていく。

**イギリスの紅茶文化**は、イギリス主導下に形成される近代世界システムの展開と密接にかかわりつつ成立した。イギリス人が飲む紅茶にはミルクと砂糖がかならずつくが、この砂糖は、カリブ海のバルバドス島（一六二七年に植民）、ジャマイカ島（一六五五年にスペインより奪取）など、黒人奴隷労働力によって生産されるイギリス領西インド植民地の砂糖があてられた。イギリスの砂糖プランテーションは、十八世紀のうちに砂糖市場を制圧し、価格を引き下げ、かつては奢侈品であった砂糖が大衆化された商品になった。

奴隷労働力としてのアフリカの黒人を入手するための見返りの商品となったのが、東インド会社がインドからはこぶ綿布あるいは西インドの棉花を原料にイギリスで織った綿布であり、大西洋をはさんで成立した**綿布、奴隷、砂糖の三角貿易**によって、奴隷貿易商人や砂糖プランターのもとに莫大な富が蓄積されていった。その富は、十八世紀なかごろからはじまるイギリス産業革命の資本として大きな役割をはたすことになる。

ところで、十八世紀後半からの**茶貿易の増大**は、イギリスに茶の密輸と銀の流出という解決すべきふたつの重大な問題を発生させた。密輸の横行は、アメリカ植民地の独立反乱にさいして、鎮圧のための戦費にあてるためにかけた高率関税(従来の六四パーセントからいっきょに一一九パーセントに引き上げた)に原因がある。政府は密輸防止の措置として、独立戦争終了の翌年、一七八四年新関税法をだし、大幅な関税引下げ(一一九パーセントから一二パーセント)を断行した。これによって密輸はかなり防げたし、茶の価格も下落した。それがまた消費を増大させ、茶輸入の決済手段である銀のもちだしも増大した。

## イギリスのアヘン戦略

ここでイギリスがとった戦略は、インド産の**アヘン**を中国に売りこみ、銀を回収することであった。ムガル帝国は、利益の多いアヘンを、専売制度によって支配していた。十六、十七世紀、まずポルトガル人、ついでオランダ人がインド商人、アラブ商人をしめだしてアヘン取引を独占し、おもに東南アジア、中国に輸出した。イギリスは、一七七三年ベンガル地方を足がかりに本格的な植民地支配にのりだすとともに、支配の財源として、ムガル帝国にかわりアヘンの生産と専売制を開始したのである。アヘンはケシの実からつくられる。ケシの栽培はベンガルのビハール、ベナレスの二州にかぎられ、栽培の面積も小さかったが、そこからあがる収入は、インド統治の財政収入の一七パーセントをしめる高額となった。専売制のベンガル・アヘンと、非専売制のマルワ・アヘンの通過税とによる財政収入は巨額にのぼった。そのアヘンの販売市場として、イギリスは「インド以東」の地の獲得をぜがひでも必要とすることになった。

中国での綿布の需要のたかまりでおこった原料の棉花の不足を解決するために、十七世紀からインド棉花をはこんだのがイギリス東インド会社であり、その帰途に、紅茶のほか中国産の厚手の綿布やインド製の綿布をイギリスまではこんだ。これらの綿布がイギリスの購買欲をたかめ、やがて産業革命をよびおこす要因となるのであるが、アヘンの生産と販売を独占することによって、東インド会社は中国―インド間の流通経路に麻薬のアヘンをもちこみ、中国の経済はもちろん、中国人の肉体と精神を腐蝕させていくのである。

アヘンは、東インド会社が直接販売にあたるのでなく、会社からライセンスをえた個人商人をつうじておこなわれた。この間接的貿易を**地方貿易**《カントリー・トレイド》といい、この地方貿易に従事した商人はインド人、アメリカ人、イギリス人とくにスコットランド人が多かった。地方貿易商人は棉花、アヘンを中国にはこんで銀と交換し、広州でその銀とひきかえに東インド会社のロンドン宛ないしはベンガル政府宛の為替手形をうけとった。東インド会社は、これらの地方貿易商人をダミーとして利用し、流出した銀を回収し、この銀をもって中国茶を買いつけるという、イギリスのアジア三角貿易システムの牽引車となった。アヘン貿易は、十九世紀にはいるといよいよ拡大され、清朝との緊張をたかめていった。

## 4　オスマン帝国と中東・西アジアの十八世紀

### オスマン帝国の泰平と動揺

オスマン帝国は、十八世紀当初の三〇年間は、アフメト三世(在位一七〇三〜三〇)の統治のもとで泰平と文化的繁栄をたのしんだ。文芸を愛好し開明的なこのスルタンは、フランス宮廷に使節を派遣して西欧知識と文化の受容に力をいれた。ヴェルサイユ宮殿をまねた離宮《キョスイク》がつくられ、西洋趣味が流行し、一七二七年にはトルコで最初の活版印刷所がイスタンブルに設立された。また、ヨーロッパからチューリップが輸入され、宮廷をはじめいたるところで栽培熱がたかまった。この熱狂と時代の華やかな文運とをかさねて、この時代をオスマン帝国の「**チューリップ時代**」とよんでいる。

対外的には、北方戦争の余波がおよんで、一七一一年ロシアと開戦し、これをやぶったほか、一七一五年にヴェネツィアと、翌年オーストリアと開戦し、一七一八年、パッサロヴィッツ条約でヴェネツィアからモレア(ペロポネソス)半島を奪回し、オーストリアにはセルビア、ボスニアの一部を割譲した。アフメト三世は、この数年間以外はヨーロッパにたいして平和政策をとり、平穏な関係をたもった。

しかし、一七三〇年、イスタンブルの群衆が、宮廷と上流支配層の、華美を追い世俗化に流れる生活に反発して暴動をおこし、アフメト三世の退位というかたちで収拾された。つづくマフムト一世(在位一七三〇〜五四)、ムスタファ三世(在位一七五七〜七四)のもとでは、亡命したフランス貴族やハンガリー人の指導をえて、西欧流の砲術を導入するなど、兵制面での改革がこころみられた。しかし、オスマン帝国がみずからの体制再建のための全般的改革に着手しだすのは、フランス革命の衝撃がとどく一七八九年からスルタンになった、セリム三世(在位一七八九〜一八〇七)のときからである。

オスマン帝国の経済についてみれば、ヨーロッパとの**レヴァント貿易**は、十八世紀もあいかわらず活況をみせていた。ヨーロッパ側はイギリスとオランダにかわってフランスが貿易の主導権をにぎり、マルセイユ港が地中海貿易最大の拠点として発展をとげた。オスマン帝国側では、圧倒的に重要な貿易商品となったのは棉花である。マルセイユはこのレヴァント産棉花を大量に輸入し、これを国内の木綿手工業の原料として供給するほか、ヨーロッパの諸国に再輸出した。マルセイユ商人ばかりでな

年平均。単位：梱，1梱＝128〜134キログラム

| 輸出先 | 18世紀初頭 | 1762〜65 | 1780年代 |
|---|---|---|---|
| フランス | 4,500 | 30,000 | 40,000 |
| イギリス | 2,000 | 2,500 | 10,000以上 |
| オランダ | 3,500 | 約3,500 | |
| イタリア | 2,000 | 約2,000 | |
| ドイツ | — | — | 30,000 |
| オーストリア | — | — | |
| プロイセン | — | — | 10,000 |
| ロシア | — | — | |
| ポーランド | — | — | |
| 合計 | 12,000 | 約40,000 | 90,000〜100,000 |

出典：Stoianovich, *Pour un modèle du commerce du Levant.*
オスマン帝国の棉花輸出

年平均。単位：1,000リーヴル。(　)内は％

| | 1750〜54 | 1786〜89 |
|---|---|---|
| 毛織物 | 8,243(56.5) | 5,767(34.6) |
| 他の繊維品 | 290(2.0) | 945(5.7) |
| 熱帯産品 | 4,745(32.5) | 8,720(52.3) |
| 砂糖 | 980(6.7) | 1,620(9.7) |
| コーヒー | 840(5.8) | 3,525(21.1) |
| インディゴ | 1,295(8.9) | 2,020(12.1) |
| コチニール | 1,035(7.1) | 1,470(8.8) |
| 香辛料他 | 595(4.1) | 85(0.5) |
| その他 | 1,322(9.0) | 1,243(7.4) |
| 輸出総額 | 14,600(100.0) | 16,675(100.0) |

出典：服部春彦「近世レヴァント貿易」
フランスのレヴァント向け輸出品

く、イギリス、オランダ、イタリア、ハンガリーなどの商人も、レヴァント産棉花を輸入し売りさばいた。イギリスにつづきヨーロッパ各国で、綿業部門から産業革命がおこるにあたって重要な役割をはたしたのが、オスマン帝国であり地中海貿易であった。

エジプト、アラビア、イラン

十六世紀初頭エジプトを属州化したオスマン帝国は、総督を派遣してもマムルーク朝の旧行政機構は温存した。このため、オスマン帝国がヨーロッパ問題に忙殺されていた十六、十七世紀のあいだに、これを利用してマムルーク諸侯《ベイ》は実力をたくわえ、十八世紀にはいるとかれらがエジプトの実質上の支配勢力となった。

マムルーク諸侯のなかで最強の実力者となったカフカーズ出身のアリー・ベイは、一七六九年、オスマン帝国とエカテリーナ女帝の統治下にあるロシアとの交戦にさいして、スルタンから兵力と物資の提供を命じられたことに反発して反乱をおこし、独立を宣言した。アリー・ベイは、メッカの保護権をえてスルタンと称し、シリア併合を企てて遠征軍を送った。しかし、旧式なマムルーク軍団による広域支配は非能率で、財政負担も過重であり、かえって遠征軍の反乱を誘発、一七七三年アリー・ベイはナイル・デルタでの交戦でたおれ、支配の座を失った。その後、エジプト支配の実権をめぐる抗争がつづくなかで、**ナポレオンの侵入**をむかえるのである。

オスマン帝国における地域的自立の傾向がつよまったのは、エジプトだけではなかった。十八世紀後半には、周辺部のバルカンでも、ギリシア人、セルビア人、ブルガリア人などキリスト教徒被支配民族の一部に、力をたくわえて独立への機会をねらう動きがはじまった。また、中心部のアナトリアでも、徴税請負権をもった在地の有力者層が台頭し、スルタン政府の集権的支配をほりくずす独自の動きをみせだした。その社会的基盤には、レヴァント貿易の波にのり経済的に上昇するムスリム生産者があった。

さらに、とりわけ注目されるのがアラビア半島の形勢である。中央部のネジド地方の名門の家に生まれたムハンマド・ブン・アブド・アルワッハーブが一七四〇年ごろから、生地アヤイナを本拠として、イスラム教の純化をめざす攻撃的な宗教運動をおこした。これを**ワッハーブ運動**という。ネジドの豪族イブン・サウード家(いまのサウジアラビアの王家はこの家系)は、反対勢力に追われて身を寄せたこのムハンマドに共鳴し、協同して軍事行動にのりだし、まもなくネジド地方を統一した。十八世紀がおわろうとするころには、アラビア半島にはワッハーブ王国(第一次)が建設され、オスマン帝国への強力な対抗勢力となった。

イランでは、サファヴィー朝が一七二二年にアフガーン人に支配権をうばわれて事実上解体したあと、アフシャール族のナーディル・クルー・ハンがアフガーン人を駆逐し、一七三六年イランの帝位についた(アフシャール朝、一七三六〜九六)。ナーディル・シャー(在位一七三六〜四七)は、インドに兵をすすめ、オスマン帝国と戦って勝利をおさめたが、コラサーンに出兵中部下に暗殺された(一七四七年)。

アフシャール朝はなおつづいたが力を失い、カスピ海沿岸にはトルコ系のカージャール族のフサインが、また、イラン南部のシーラーズにはゼンド族のカリーム・ハンがたち、政情はしばらく混沌とした。カージャール、ゼンド両勢力とも、内部に権力争いをかかえつつ、たがいにイランの主権争奪戦をつづけた。ただ、かねてからイラン侵略をねらうオスマン帝国は、当時力を弱めていてイランにむかっての積極的行動はとれず、中央アジアのウズベク族もさしたる攻勢にはでなかった。

カージャールとゼンドの抗争は一進一退ののち、一七九六年、カージャールのアーガー・ムハンマド(在位一七七九〜九七)がゼンド勢力をおさえ、アフシャール朝もたおして正式にイランの帝位につき、カージャール朝を創始した。しかし、まもなく、このカージャール朝は、ナポレオン戦争がもたらしたヨーロッパ列国の複雑な国際関係の渦にまきこまれ、翻弄されていくことになるのである。

## 執筆者紹介

大江 一道　おおえ　かずみち
1928年3月生まれ。1951年，東京大学文学部西洋史学科卒業
元跡見学園女子大学文学部教授
著書：『歴史を見なおす』(大和出版 1976)，『物語 世界史への旅』(山川出版社 1981)，『入門世界歴史の読み方』(日本実業出版 1985)，『世界と日本の歴史　6　大航海の時代』(大月書店 1988)，『日本』(『地域からの世界史』18　朝日新聞社 1993)，『世紀末の文化史』(山川出版社 1994)，『写真記録アウシュヴィッツ　ホロコーストの真実』(全6巻，監修，ほるぷ出版 1995)，『世界近現代全史　Ⅰ・Ⅱ・Ⅲ』(山川出版社 1991～94)

『世界近現代全史 I——近代世界システムの成立』
一九九一年七月　山川出版社刊

YAMAKAWA SELECTION

世界《せかい》近現代全史《きんげんだいぜんし》　1

近代《きんだい》世界《せかい》システムの成立《せいりつ》　上

2025年 2 月10日　第 1 版 1 刷　印刷
2025年 2 月20日　第 1 版 1 刷　発行

著者　大江《おおえ》一道《かずみち》

発行者　野澤武史

発行所　株式会社山川出版社
〒101-0047 東京都千代田区内神田1-13-13
電話03(3293)8131(営業)8134(編集)
https://www.yamakawa.co.jp/

印刷所　株式会社太平印刷社

製本所　株式会社ブロケード

ISBN978-4-634-42414-2
造本には十分注意いたしておりますが，万一，落丁・乱丁などが
ございましたら，小社営業部宛にお送りください。
送料小社負担にてお取り替えいたします。
定価はカバーに表示してあります。